200万人が効果を実感したトレーニングメソッド

公式 ストレッチポール® &ひめトレ BOOK

JCCA(日本コアコンディショニング協会)監修

STRETCHPOLE & HIMETORE
OFFICIAL BOOK

はじめに

私たちが日本コアコンディショニング協会（ＪＣＣＡ）を設立し、ストレッチポールの普及を行うようになって、10年以上が経ちました。この間、ストレッチポールは全国でのべ２００万人の方々に体験していただき、ほとんどの方にその効果を実感していただくことができました。

私は長年、トレーナーとしてスポーツの現場で、アスリートたちのサポートを行ってきました。毎日ハードなトレーニングをするアスリートは、トレーニング後に体を本来の正しい状態に戻すことが必要です。そのためには体の〝コア（＝体幹）〟を整えることが重要だと考えています。

２００３年頃、円柱状のツールを用いてコアを活性化し、体を正しい状態に戻す〝コアコンディショニング〟プログラムを考案したところ、アスリートたちから「体がラクになる」と好評を博しました。そこで、よりコアコンディショニングに適したツールを作ろうと、長さや太さ、硬さなどを徹底的に研究して開発したのがストレッチポールなのです。

ストレッチポールはアスリートたちの間で大きな反響を呼び、瞬く間にスポーツ界に広まりました。さらに、美しい姿勢を保つ必要がある女優やモデルの方々にも愛用者が増え、メディアで紹介されたのを機に一般の方々にも普及しました。最近では医療や教育の現場でも活用されています。

また近年は、コアの中でも特に骨盤底筋を効果的に鍛えるツール「ひめトレ」を開発。ストレッチポールとひめトレを組み合わせることで、体のゆがみをとり、くびれを作るなどボディメイクにも効果を発揮しています。

JCCAでは、ストレッチポールとひめトレの正しい使い方を指導するトレーナー育成にも力を注いでいます。しかし、トレーナーはみなさんの生活に一日中ずっと関わることができません。日々のコンディショニングには、みなさんに自ら率先して取り組んでいただきたいのです。そこで、本当のストレッチポールとひめトレの効果を知ってもらい、正しい使い方を覚えていただくために、この公式BOOKを作りました。本書があなたの健康と、美しいボディを維持するために役立つことを、心から願っています。

岩﨑由純

日本コアコンディショニング協会会長。日本体育協会公認アスレティックトレーナー。ストレッチポールのプログラミング開発に携わる。多くのトップアスリートを育成し、オリンピックの帯同トレーナーを務めた経験ももつ。

コアコンディショニングとは？

私たちの協会の名前にもなっている「コアコンディショニング」について、もう少しご説明しましょう。

コア（＝体幹）とは、腹横筋、横隔膜、多裂筋、骨盤底筋群という、お腹の内部を取り囲む４つの筋肉から成り、〝インナーユニット〟とも呼ばれます（P11下図参照）。そもそも胴体には、上部に肋骨が、下部には骨盤があり、姿勢やその中の内臓を支えています。でも肋骨と骨盤の間のお腹にはその役割をする骨がなく、代わりにインナーユニットがコルセットのように働くことで内臓や姿勢を支えているのです。そのためインナーユニットが衰えると、姿勢が維持できなくなったり、内臓が下垂しやすくなります。

また、インナーユニットは立ったり、座ったり、歩いたりといった、あらゆる動作をするときに使われます。ですから正しく働かないと、スポー

ツ時にはパフォーマンスを最大限に発揮できず、ケガをしやすくなることも。日常生活でも痛みや疲れが出やすくなるなど、さまざまなトラブルが生じやすくなります。つまり、コアをコンディショニング（＝調整）することは、アスリートならパフォーマンスに直接影響し、日常生活においては不調の予防や改善、美しい体作りにつながっていくのです。

日本コアコンディショニング協会（ＪＣＣＡ）では、自分自身でコアコンディショニングをするためのプログラムを提供しています。そしてそのために最適なツールとしてＪＣＣＡが推奨しているのが、ストレッチポールとひめトレです。

ストレッチポールとひめトレがあれば、ご自分で手軽にコアを活性化できます。1日5分程度のエクササイズを習慣にすれば、姿勢が美しくなり、肩こりや腰痛などの予防にもつながります。今日から早速、ストレッチポールとひめトレでコアコンディショニングを始めましょう！

【目次】

CHAPTER 2 ひめトレ編

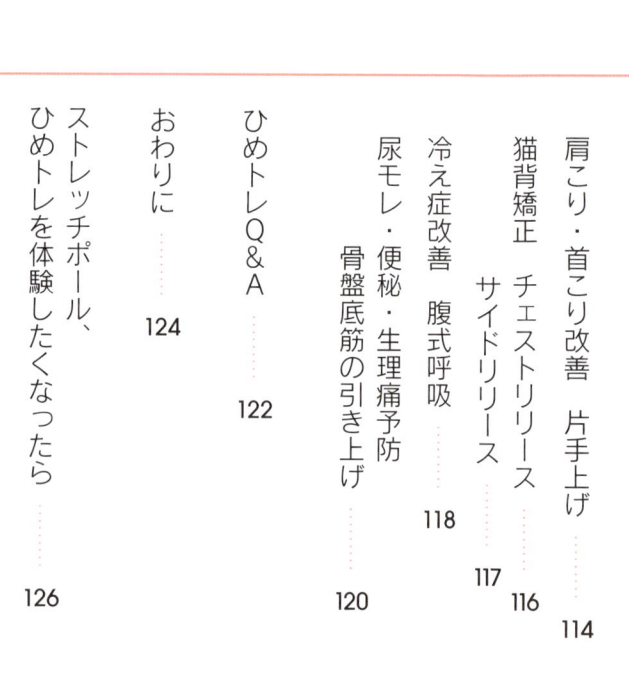

STRETCH POLE &HIMETORE OFFICIAL BOOK

CHAPTER 1

ストレッチポール編

「ストレッチポール」は、長さ約1m、直径15cmのエクササイズツール。筋肉を緩めて骨格を本来あるべき状態に戻す、その効果のメカニズムから、基本姿勢やエクササイズまでをご紹介。ストレッチポールで、こりや疲れ知らずの元気な毎日を過ごしましょう！

ストレッチポールとは？

筋肉を緩めて骨格を正し、コアを活性化！

普段、前かがみ姿勢になって長時間パソコン作業を続けたり、脚を組んで座るクセがあったりと、私たちは気付かないうちに体に負担をかける姿勢が習慣となっています。このような姿勢をとり続けると、筋肉が偏ってこり固まり、その筋肉に引っ張られて骨格もゆがみます。すると、ただ休むだけではなかなか体が元に戻らず、痛みやこりが生じたり、不眠に悩まされたりと、さまざまな不調が起きやすくなります。これを自分で簡単にリセットできるのがストレッチポールです。ストレッチポールに乗って寝ると、体の外側の筋肉が自然に緩みます。さらに、その状態からエクササイズをすることで、背骨や胸郭、骨盤、股関節などといった骨格や関節が正しい位置に戻り、体のコア＝イン

ポールに乗ると筋肉が緩み、骨格が本来あるべき状態に！

ナーユニットも活性化します。その結果、体が本来あるべき状態にリセットされ、痛みやこり、冷え、不眠などの不調も改善しやすくなるのです。ストレッチポールの最大の利点は、忙しい人や運動が苦手な人でも、自宅でポールに乗って短時間のエクササイズをするだけで体をリセットできる点。使った後には体が柔軟になり、寝たときに床に背中がぺったりとつくようになったり、立ったとき背すじがまっすぐに伸びるようになったりといった体の変化をはっきり感じるはず。使い続けると美姿勢になり、ボディラインも引き締まります。あなたもストレッチポールの心地よさを体感してみて！

ストレッチポールで働きかけるおもな骨と筋肉

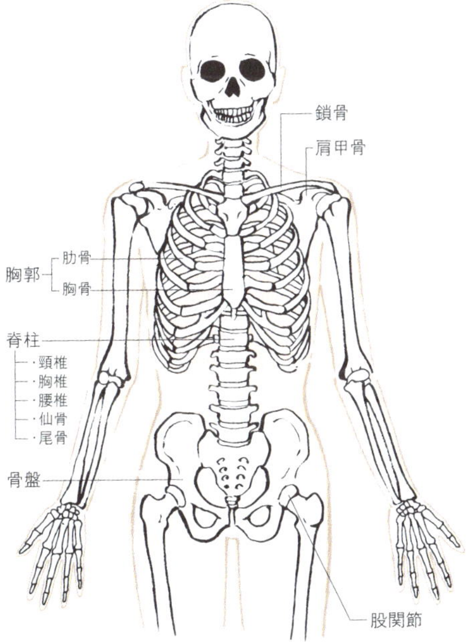
鎖骨
肩甲骨
胸郭
肋骨
胸骨
脊柱
・頸椎
・胸椎
・腰椎
・仙骨
・尾骨
骨盤
股関節

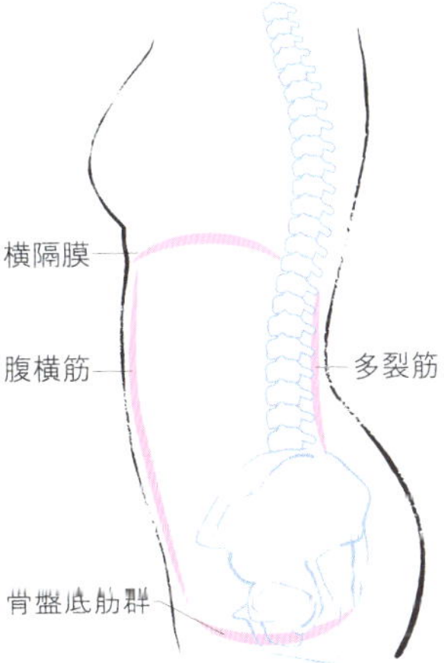
横隔膜
腹横筋
多裂筋
骨盤底筋群

ストレッチポールのエクササイズをすると、骨格や関節が正しい位置に整います。インナーユニットを構成する４つの筋肉を活性化させ、体幹を安定させる役割も。

ストレッチポールの効果

01 筋肉が緩む

体の外側と深部の筋肉を緩め、完全なリラックス状態に導く

人間は、寝ているときこそ全身の筋肉がリラックスしていると思いがちですが、それは誤り。専門の機器で計測すると、腰など、ある一部分に集中して圧力がかかっていることがわかります(下図参照)。つまり寝ていても筋肉は完全にリラックスできていないのです。朝起きたとき体の疲れがとれていないと感じるのはそのためです。これを解決するのがストレッチポールです。ストレッチポールに乗ると体の外側の筋肉が緩みます。さらにエクササイズをすると体の奥の筋肉も緩み、完全なリラックス状態に。使用後に床に寝ると、乗る前はつかなかった背中全体がぺったりと床につくのを感じるはず。これは筋肉が完全に緩んだ証拠。ストレッチポールは緊張がほぐれにくい部分の筋肉まで緩められるのです。

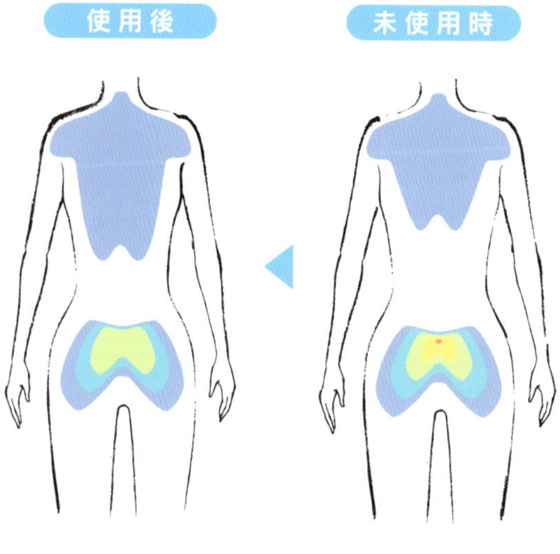

ストレッチポール使用前は、寝たときに体圧が赤色の部分に集中してかかっています。使用後は、体圧が分散され筋肉が緩んでいます。

02 骨格が整う

筋肉が緩むことで骨が本来の正しい状態にリセットされる

人間の体は、本来、ゆるやかなS字のカーブを描いています。でも、パソコンやスマートフォンを見ることが多い現代の生活では、知らず知らずのうちに前かがみ姿勢になってしまっているため、背中が丸くなって首を前に突き出した姿勢になりがちです。

また、こんな姿勢が続くと、骨盤は後ろに倒れやすくなります。このようにして骨格は、普段の姿勢によってすぐにゆがみ、肩こりや腰痛などさまざまな不調を引き起こします。そこで利用したいのがストレッチポール。このツールに乗ると、体の外側と深部の筋肉が緩みます。さらに骨のひとつひとつも動きやすくなり、その状態でエクササイズをすることで骨格のゆがみや関節のずれが効果的に改善します。背骨は本来のS字カーブを取り戻し、骨盤の傾きも改善。骨格全体が整うのです。

使用後　未使用時

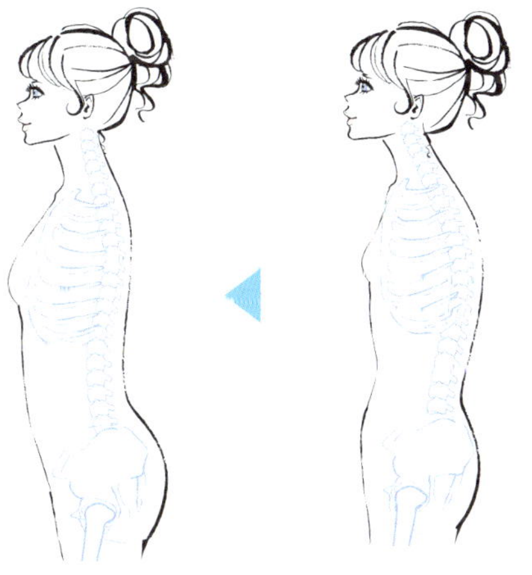

ストレッチポールに乗ってエクササイズをすると、くずれていたS字カーブや骨盤の傾きがリセットされ、本来の正しい状態に戻ります。

03

呼吸が深くなる

肋骨が広がってたっぷりと空気を取り込めるようになる

普段のデスクワークなどで前かがみの姿勢が習慣になっていると、肋骨が縮むため空気を取り込みにくくなり、呼吸が浅くなりやすくなります。これを改善できるのがストレッチポールです。ストレッチポールに乗ると、自然と肋骨が左右に広がり、その状態でゆったりとした呼吸を続けることでリラックス状態になり、空気をたっぷり取り込めるようになります。これを習慣にすると普段の呼吸も深くなっていきます。すると肺活量が増えて持久力がアップし、疲れにくくなるという効果も。酸素が多く取り込めるようになると脂肪が燃えやすくなるので、やせやすい状態にもなります。さらに、呼吸が深くなるとリラックスを促す副交感神経が優位になるため、寝付きやすくなって睡眠の質も上がり、疲労も回復しやすくなるのです。

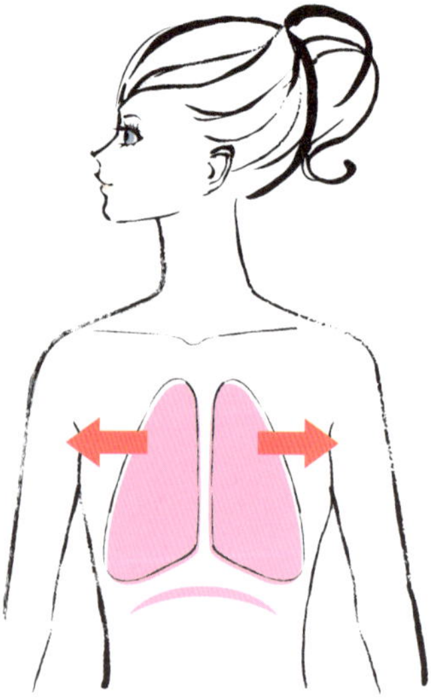

ストレッチポールに乗ると縮んでいた肋骨が左右に広がります。そのままゆったりした呼吸を繰り返すとリラックス状態になり、空気が十分に取り込めるように。

04
脳がリラックス

体がストレスから解放され、脳がリラックスモードに

人間の脳は、立っているときも、歩いているときも、その動きに対して常にどうあるべきかを監視し続けています。特に多忙な仕事などで体が緊張し続けていると、脳もそれを監視するためフル活動し、緊張モードに。すると夜寝る前にも脳がリラックスモードにならず、不眠になりやすくなります。ストレッチポールがあれば、こんな事態も改善可能。夜寝る前にストレッチポールに乗ることで、全身の筋肉が緩んで完全にリラックスするため、体がストレスから解放されます。すると脳は体を見張る必要がなくなり、リラックスモードに切り替わります。これで体も脳も本当の意味で休まり、深い眠りにつけるのです。実際、下のデータのように、ストレッチポールを使った人の多くが、〝とてもよく眠れるようになった〟と感じるようです。

Q1 ストレッチポールを使うとよく眠れると感じますか？

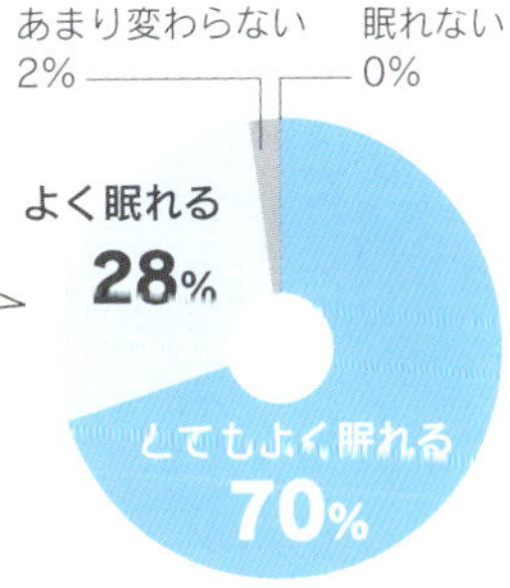
あまり変わらない
2%
眠れない
0%
よく眠れる
28%
とてもよく眠れる
70%

「とてもよく眠れる」と答えた人からは「寝つきがよくなった」「翌朝のスッキリ感が違う」などという声が寄せられました。

Q2 ストレッチポールを使うと体が疲れないと感じますか？

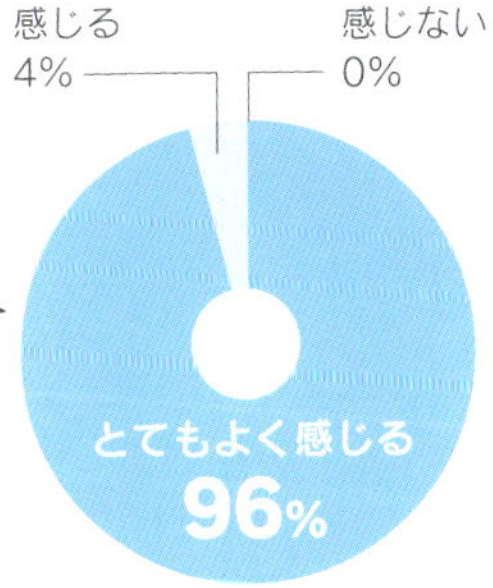
感じる
4%
感じない
0%
とてもよく感じる
96%

「とても感じる」という人からは、「背中のこりがかなりラクになった」「首の突っ張り感が消えた」などさまざまな声が。

※アンケート結果（回答者：100名）より。　使用感には個人差があります。

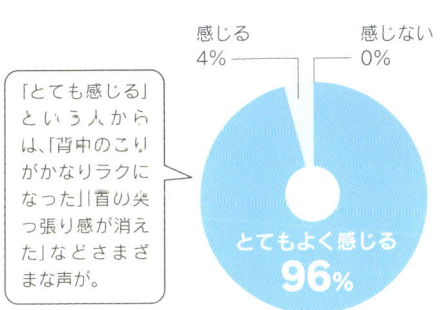

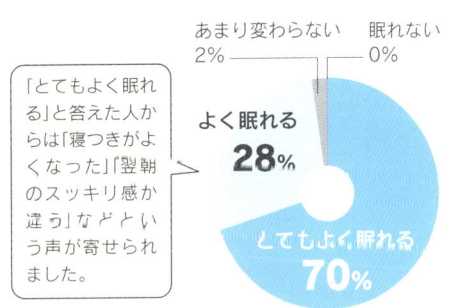

エクササイズを始める前に

エクササイズ前に行いたいのが、ここでご紹介する①～④のステップ。エクササイズの効果を感じやすくなります。

立つ

1　現在の自分の体の状態を確認！

セルフモニタリング

最初に、いろんな姿勢や動作で現在の自分の体の状態を確認してみましょう。エクササイズ後に再チェックすると体の変化がわかります。

左右の足の５本の指が全部しっかり床についていますか？　浮いている指はないですか？

脚を腰幅程度に開いてまっすぐに立ち、重心が前や後ろにかかり過ぎていないかをチェック。

寝る

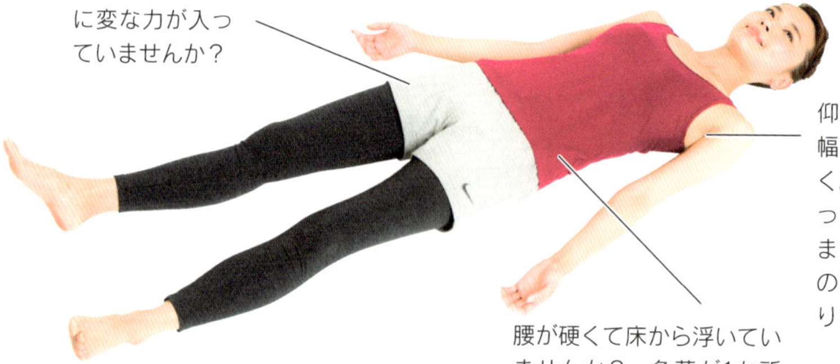

股関節は柔軟ですか？　どこかに変な力が入っていませんか？

仰向けに寝て肩幅程度に脚を開く。肩が床にしっかりついていますか？　左右の感覚の差はありませんか？

腰が硬くて床から浮いていませんか？　負荷が1か所に集中していませんか？

体を左右に倒す

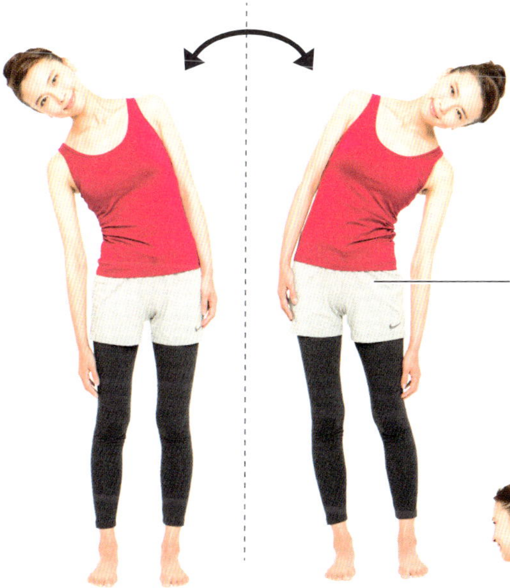

体を左右に倒してどこまで倒れるかをチェック。体が突っ張る感じがないかも確認。

体をねじる

体を右にねじり、どこまでねじれるかと、突っ張り感もチェック。ねじれ具合の左右差も確認。

体を左にねじり、どこまでねじることができるかチェック。体に突っ張り感がないかも確認。

首を前後に倒す

首を後ろに倒し、どこまで倒れるか確認。天井と平行になるのが理想的。

首を前に倒し、どこまで倒れるかと、首のハリやこりがないかを確認。

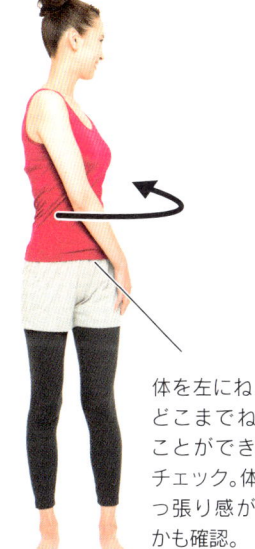

② 正しい乗り降りをマスターしよう

乗り方・降り方

まず、ストレッチポールの正しい乗り方と降り方を覚えましょう。ストレッチポールを正しく置いて、あとはお尻から頭までを乗せるだけ！

乗り方

ファスナーのないほうを頭側に、縫い目を側面にしてポールの端にお尻を乗せる。両手を床につける。

両手で体を支えながら、ポールに背中を沿わせるように、ゆっくりと仰向けに寝る。ポールにお尻から頭まで乗るように調整したらOK。

降り方

降りるときは、左でも右でも自分が降りやすい側に、お尻をズルッと降ろして、ゆっくりとすべるように降りる。

すぐに起き上がらず、しばらく仰向けになって体の変化を感じてみよう。乗る前より背中が床につくようになったのを感じるはず。

③ エクササイズの基本となるポーズ

基本姿勢

続いて、ストレッチポールのエクササイズを行うときの基本となる姿勢を覚えましょう。ほとんどのエクササイズで、まずこの姿勢をとります。

脚を肩幅程度に開き、ひざは90度くらいに曲げる。体が最も安定して、リラックスできるポジションにセットする。

頭からお尻までがポールの上に収まるように乗る。頭がポールからはみださないように注意して。

両手は、肩に緊張感や、突っ張り感がないような位置に伸ばす。ひじは床につけて、手のひらを上に向ける。

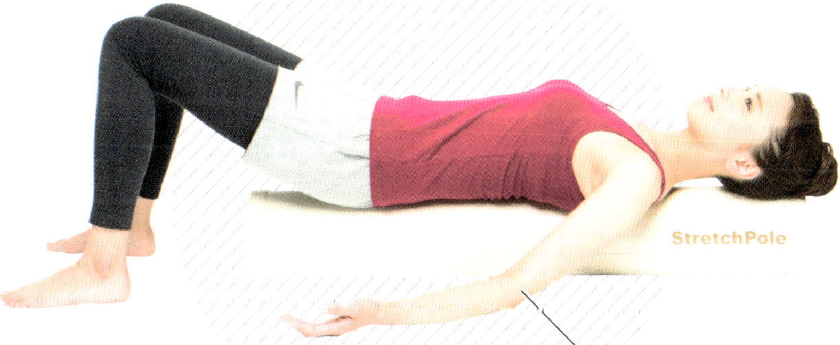

横から見ると、これが正しい状態。基本姿勢になったら、ゆっくりと深呼吸をしてリラックス。

エクササイズ前に、準備運動で、緊張した体をほぐしましょう。ゆっくりと呼吸をしながら行って、筋肉を十分にリラックスさせて。

4 体をほぐして運動しやすい状態に

準備運動

a 胸開きエクササイズ

普段の猫背姿勢などによって、胸は縮こまりがち。このエクササイズで胸の筋肉を緩めて胸郭を開きましょう。腕の力を抜くのがポイント。

ひじを床につけて両腕を広げる

基本姿勢から、床にひじをつけたまま、ゆっくりと両腕を広げる。

30秒

突っ張り感のない位置まで腕を広げる

肩や腕に突っ張り感のないところまで腕を広げたら、脱力して深呼吸を30秒。次にゆっくり元に戻す。

ひじが床から離れると胸の筋肉が過剰に伸び、反動で縮むのでNG。

腕を広げるときは、ひじを床につけたままで広げていくこと。

b ひざ開きエクササイズ

30秒

硬くなりがちな股関節を大きく開くエクササイズ。ももの内側の筋肉を緩める効果があります。足の力を抜いて行いましょう。

足裏を向き合わせて ひざを外に開く

基本姿勢から、足幅をこぶし1つ分ほどにして、両足の裏を向き合わせ、ひざを外側に開く。ゆっくりと呼吸をして内ももが緩むのを意識して30秒キープ。次にゆっくり元に戻す。

足幅はこぶし
1つ分にして、
左右の足裏を
向き合わせる
股関節が緩んでいくのを感じるように

c 手脚の対角エクササイズ

左右 各30秒

手脚を対角線に伸ばすことで、体を斜めに走る筋肉を緩めるエクササイズ。肩甲骨とお尻をポールに巻き付けるイメージで行うのがコツ。

左脚を伸ばして 右腕は胸の横まで開く

基本姿勢から、左脚を床をすべらせて伸ばす。次に右腕を床をすべらせて胸の横まで開く。脱力して体がポールに巻き付くイメージで30秒キープ。次に左右の手脚を入れ替えて同様に。

床をすべらせて
胸の横まで開く
かかとが浮かないように床をすべらせながら伸ばす
反対側の腕は、基本姿勢のまま体の横に伸ばしておく

多数のトレーナーも、その効果を実感！

私たち、ストレッチポールを活用しています！

さまざまなトレーニングの現場でも、ストレッチポールを活用するトレーナーは多数。そんな愛用者たちの声をご紹介！

整形疾患の改善からボディメイクまで、さまざまな目的を最短・最大限に実現

「コンディショニングスタジオ　コア×コア」トレーナー。「全ての人に彩りある人生を創る」をミッションに掲げ、「楽しく愉快にたくさん笑う」をコンセプトにしたコンディショニングサポートは、わかりやすく、効果が高いと多くの人からの支持を集める。

株式会社クリエクト 代表取締役、コア×コアオーナー

竹原亮紀さん

「ストレッチポールは、整形疾患の改善や障害予防、ボディメイク、パフォーマンスの向上と、さまざまな目的をもつクライアントへの指導で活用しています。ストレッチポールは、クライアントの方々のこういった目的を、最短で最大の威力で実現に導いてくれます。どんな人が使っても高い効果を発揮するストレッチポールは、多くのクライアントから愛され、大いに活躍してくれています！」

簡単に使えて、短時間で即効的な変化が引き出せるのが魅力です！

俳優・高橋英樹氏の専属トレーナーとしても知られるパーソナルトレーナー。TV番組でそのトレーニング風景が取り上げられ「腰が甦るトレーニング」と紹介された。公共事業団体やシンポジウム等での講演経験も数多く、講師としても活躍中。

コンディショニングトレーナー

渡辺裕介さん

「ストレッチポールは、私のトレーニング指導の9割以上で使用していて、なくてはならないアイテムのひとつです。ストレッチポールの魅力は、難しいことを行わなくても誰でも簡単に使えて、短時間で即効的な変化を引き出せる点です。ウエストのサイズダウン、むくみの改善、姿勢改善、肩こり・腰痛などの改善と、さまざまな使い方ができる点もいいですね」

ストレッチポール

エクササイズ

ストレッチポールの基本エクササイズが「ベーシック7」。まずはこの基本から始めて、体が緩む心地よさを体感してみて。慣れてきたら悩みに合わせて、不調改善エクササイズや美ボディメイクエクササイズにもトライ！

基本のエクササイズ

ベーシック7

ストレッチポールの基本の７つのエクササイズ。筋肉をリラックスさせ、骨格を正しい状態に整えます。毎日の習慣に。

1 BASIC7

床みがき運動

ポールに乗って手で床を磨くような動きをすることで、肩を正しい位置に整えるエクササイズ。手を小さく動かすのがポイントです。

脚は基本姿勢のまま、自分が最も安定するポジションに
肩から動かして、ひじと手首を床につけて円を描く

ステップ1

ひじと手首を床につけて、床に円を描く

基本姿勢になる。手のひらを上に向けて、ひじと手首を床につけたままで、くるくると床に円を描くように手を外側に回す。最初は肩から動かして、手で少し大きめの円を描いて。

手首だけ回しても
肩が緩まないのでNG

手首だけつけて回すと肩甲骨が動かず、肩が緩まないのでNG。肩を緩めるためには、ひじと手首を床につけた状態で回すこと。

外回し
内回し
各10回

ステップ 2

慣れたら、円をできるだけ小さくしていく

慣れてきたら動きを小さくして、できるだけ小さな円を描くように回す。回すときに揺れが肩甲骨に伝わるのを意識し、肩周りが緩むのを感じて。10回回したら内回しも同様に。

パソコン作業などで硬くなった肩甲骨周りの筋肉を緩めるエクササイズ。外側の筋肉が緩むことで、内側の筋肉も動きやすくなります。

2 BASIC7

肩の上下運動

「前へならえ」をするイメージで、両腕を上に伸ばす
StretchPole.

ステップ1

天井に向かって「前へならえ」をする

基本姿勢になる。両手をゆっくりと上げていき、天井に向かって「前へならえ」をするようなイメージで上に伸ばす。このとき、腰が浮かないように気を付ける。

これは NG

ひじを曲げたまま行っても肩甲骨が緩まない

ひじを伸ばしても
肩が動いていない

ひじを曲げたまま腕を上げ下ろしすると、肩甲骨が動かないので効果なし。ひじを伸ばして、肩甲骨が動くのを意識しながら行って。

10回

指先やひじの力
は抜いて、肩か
ら腕を動かす
腕を伸ばしたときに肩甲骨がポールから浮き、下ろしたときは肩甲骨がポールに沈むのを意識

ステップ 2

肩を前に出して腕を天井に向かって伸ばす

腕が天井に引っ張られるようなイメージで、肩を前に出す。次に、力を抜いて肩を元に戻して1の姿勢に戻る。この動作を10回行う。

3 BASIC7

鳥の羽ばたき運動

鳥が羽ばたくような動きで、肩や肩甲骨周りをほぐすエクササイズ。
硬くなって背中に張り付いた肩甲骨の動きがよくなります。

脚は基本姿勢のまま、安定させる
ひじを床につけたまま、両腕をゆっくり開いていく

ステップ 1

手の甲とひじを床につけて、腕を開いていく

基本姿勢から、手の甲とひじを床につけたまま、ゆっくりと左右の腕を開いていく。

これは
NG

腕を無理に上げ過ぎると
肩を痛める場合も

ひじを浮かせて、腕を無理に上げ過ぎると、肩を痛める場合があるのでNG。必ず、肩に突っ張り感や痛みを感じる手前でやめて。

5
往復

腕を開くのは肩の高さまで。ゆっくり元に戻す

ステップ 2

肩の高さまで腕を上げたら、元の位置に戻す

肩の高さくらいまで広げたら、ゆっくり元の位置に戻す。肩の突っ張り感を感じたら、その手前でやめること。肩甲骨が動くのを意識しながら、この腕の上げ下ろしを5往復。

4 BASIC7

つま先バイバイ運動

つま先を揺らす動きによって、硬くなった股関節を緩め、正しい位置に整えるエクササイズ。できるだけ小さく動かすのがポイント。

ステップ 1

つま先でバイバイをするように外側、内側に揺らす

基本姿勢から、片脚ずつゆっくりと両脚を伸ばし、腰幅くらいに開く。かかとを軸にして、つま先でバイバイをするように外側、内側、外側、内側と揺らす。

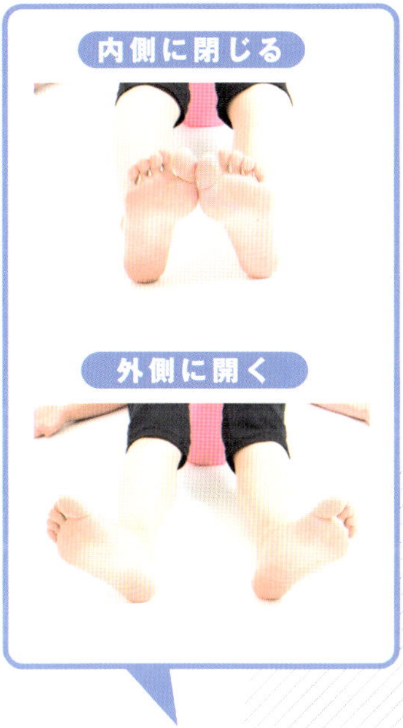
内側に閉じる
外側に開く

10回

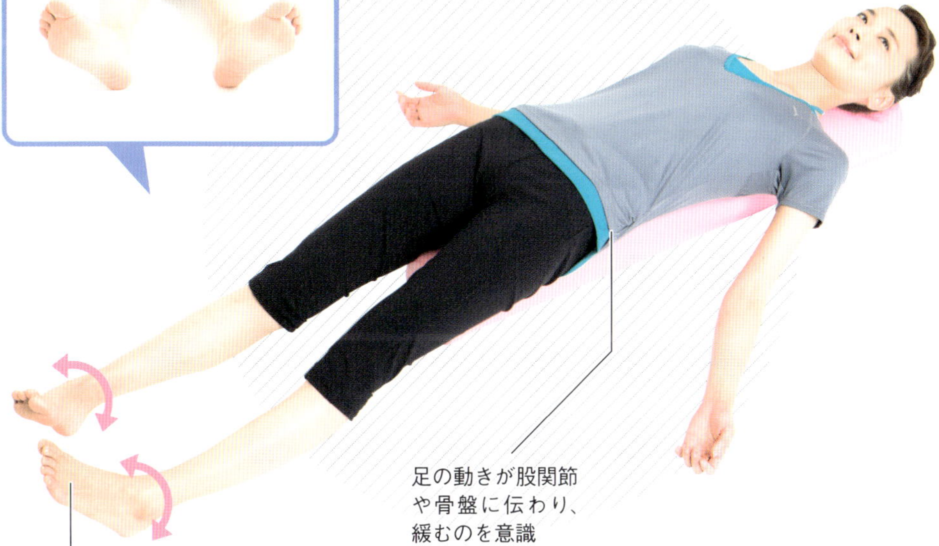

足の動きが股関節や骨盤に伝わり、緩むのを意識

バイバイの動きを小さくしていき、小刻みに外側、内側と揺らす

ステップ2

慣れたらバイバイの動きを小さくしていく

慣れてきたら、バイバイの動きを小さくして小刻みに揺らす。足の動きが股関節や骨盤に伝わって、だんだん緩んでいくのを感じて。これを外側、内側で1回として10回行う。

ひざを小さく上下に揺らす動きで、股関節を正しい位置に整えるエクササイズ。できるだけ小さく動かすことが股関節を緩めるコツ。

5 BASIC7

ひざ緩め運動

ひざを軽く持ち上げるようなイメージで、小さく曲げる

ステップ 1

両脚を伸ばして、ひざを軽く曲げる

基本姿勢から、片脚ずつゆっくりと両脚を伸ばし、腰幅くらいに開く。その姿勢から、ひざを軽く曲げる。かかとが軽く浮く程度に、ひざを軽く持ち上げるようなイメージで曲げること。

これは NG

ひざを大きく曲げると股関節が緩まない

ひざを大きく曲げ過ぎると、股関節周りの筋肉が使われてしまい、股関節が緩みません。できるだけ小さく曲げ伸ばしをしましょう。

10回

ストン!!
ひざは、少し外に開いて、できるだけ小さく曲げ伸ばしをする
ひざの動きが股関節に伝わり、どんどん緩んでいくのを感じて

ステップ2

力を抜いてひざを伸ばし、曲げ伸ばしを繰り返す

次に、力を抜いてひざを伸ばす。このひざの曲げ伸ばしをテンポよく繰り返す。できるだけ小さな動きを心がけて。ひざの動きが股関節に伝わり、緩んでいくのを意識。この曲げ伸ばしを10回。

全身の力を抜いてゆらゆらと体を揺らすことで、背骨の間の筋肉を緩めます。海藻になったイメージで体を揺らすと効果的です。

6 BASIC7

ゆらゆら運動

ステップ1

基本姿勢になり、全身の力を抜く

基本姿勢になって全身の力を抜き、リラックス。

ステップ2

体の力を抜き、小さく左に揺らす

全身の力を抜いたまま、体を小さく左に揺らす。ポールから落ちないよう、できるだけ小さく揺らして。

これはNG

落ちるほど大きく揺らすと体が緩まない

体がポールから落ちるほど揺らすと、落ちないように踏ん張るため余計な筋肉に力が入り、体が緩みません。できるだけ小さく揺らして。

10回

全身の力を抜いて、右、左と小さくゆらゆらと体を揺らす

ステップ3

海藻になったイメージで左右に小さく揺らす

次に体を小さく右に揺らす。この左、右の揺らしを10回繰り返す。海の中を漂う海藻のようにゆっくりと揺らして。背中周りや腰周りが緩んでくるのを感じるはず。

最後に、脱力して自然呼吸をして、体をリラックスさせます。終わったら、もう一度セルフモニタリングをして体の変化をチェック！

7 BASIC7

自然呼吸

全身の力を抜いて、ゆっくりと鼻から息を吸う

ステップ1

ゆっくりと鼻から息を吸う

基本姿勢になり、全身の力を抜いて、ゆっくりと鼻から息を吸う。深呼吸や、腹式呼吸をする必要はなく、自然な呼吸をすればOK。

5回

ステップ2

ゆっくりと口から息を吐く

次に、ゆっくりと口から息を吐く。リラックスしながら、この自然呼吸を5回繰り返す。終わったら、お尻から床にすべるようにポールから降りる。

終わったら セルフモニタリング

ポールから降りたら、セルフモニタリングをして、床に寝たときの体の変化をチェックしてみましょう。骨格が整い、背中が床にぴったりとつくようになっているのを感じるはず。

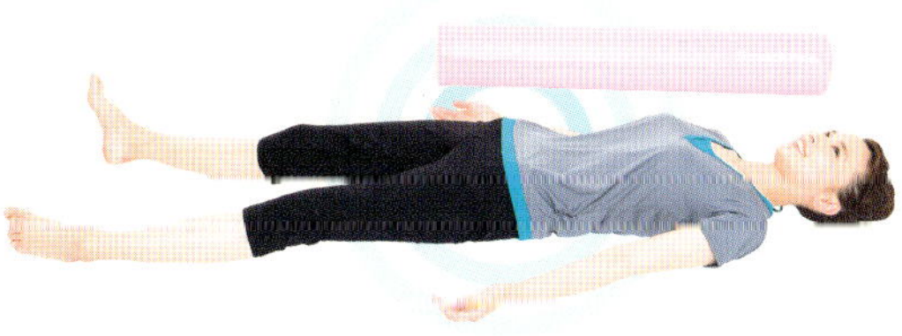

ウォーミングアップストレッチ

体の柔軟性をより高めたい場合にベーシック7にプラスしたいのが、ポールを使って行うストレッチ。スポーツ前後の体の調整にも◎。

わきと胸の緊張をほぐし、柔軟にするストレッチ。猫背姿勢で、胸が縮こまっている人に特におすすめです。

1 WARMING UP STRETCH

わき・胸のストレッチ

ステップ 1

上体を倒し、ポールに手首のあたりを乗せる

立てひざで脚を腰幅程度に開き、体の前にストレッチポールを置く。上体を倒し、手のひらを内側に向けて、手首のあたりをポールに乗せる。

10秒×3回

ステップ 2

ポールを転がして腕を遠くに伸ばす

ポールを前に転がしながら腕を遠くに伸ばし、胸と背中を伸ばす。次に腕を引いて元に戻す。この動きを10秒×3回。

これはNG

背中を丸めて行うと背中も胸も伸びない

背中が丸まったままポールを転がしても背中も胸も伸びません。背中をぐーっと押し込み、胸を張るイメージで腕を伸ばすのがコツ。

今度は、横に置いたポールに手を乗せて伸ばすストレッチ。上半身をひねりながら、伸ばすことで背中や肩の緊張がほぐれます。

2 WARMING UP STRETCH

背中･肩のストレッチ

ステップ 1

ポールを右に置いて、左手をポールに乗せる

ストレッチポールを縦にして体の右側に置く。両ひざを床につけて脚を腰幅より広めに開き、右の手のひらは床につけて、左の手のひらを立てて手首のあたりをポールに乗せる。

手のひらを内側に向けて立て、手首あたりをポールに乗せる

ストレッチポールは体の右側に縦にして置く

左右各15秒×3回

ステップ 2

ポールを右に転がして、左腕を右に伸ばす

ポールを右へ転がしながら左腕を右に伸ばす。左の背中、肩、わきが伸びるのを意識。次に腕を左に引いて戻す。この動きを15秒×3回。反対側も同様に。

ストレッチポールを右へ転がしながら、左腕を右に伸ばす

3 WARMING UP STRETCH

もも裏ストレッチ

横にしたストレッチポールの上に乗って前屈をするストレッチ。普通に前屈するより、もも裏を伸ばす効果が高く、柔軟性がアップ。

ステップ1

横にしたポールに座り、両脚を前に伸ばす

横にしたストレッチポールの上に座り、両脚を揃えてまっすぐ前に伸ばす。このとき、座骨より少し前にポールが当たるように座ること。

座骨の少し前にポールがくるように座る

10秒×3回

ステップ2

上体を前に倒して、もも裏を伸ばす

そのまま、上体を前に倒してもも裏が伸びるのを意識しながら10秒キープ。体が硬い人は、できる範囲で体を前に倒せばOK。これを3回行う。

上体をできる範囲で前に倒す
上体を倒したとき、もも裏が伸びるのを意識

4 WARMING UP STRETCH

ふくらはぎマッサージ

ストレッチポールをふくらはぎで転がす、マッサージ効果のあるストレッチ。ふくらはぎの筋肉がほぐれ、むくみ改善にも効果的。

ステップ 1

ポールにふくらはぎをのせて手を後ろにつく

ストレッチポールにふくらはぎを乗せて座り、体の後ろに両手をつく。脚はひざを曲げずにまっすぐに伸ばす。

30秒

ステップ 2

ふくらはぎでポールを転がしてマッサージ

そのまま、ふくらはぎでポールを前後に転がすようにして、ふくらはぎをマッサージする。これを30秒ほど続ける。

足の向きを変えていろんな部分をマッサージ

ふくらはぎの筋肉は左右に分かれているので、足を内側に倒したり、外側に倒したりして、全体をまんべんなくマッサージすると効果的です。

ふくらはぎの外側を刺激

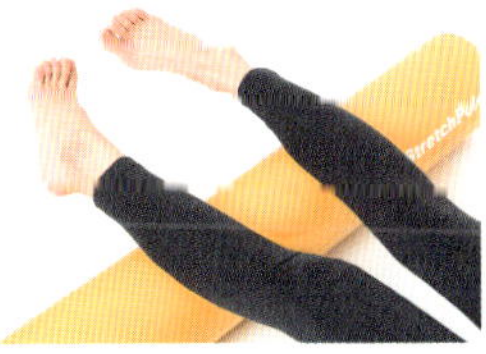

ふくらはぎの内側を刺激

不調改善エクササイズ

肩こりや腰痛、冷え症、不眠などさまざまな不調を予防・改善するエクササイズをご紹介。悩みに合わせて実践！

骨格がゆがむと体にさまざまな不調が起こる理由

骨格がゆがむ原因は、普段の生活の中にあります。日常生活では、パソコン作業も料理も車の運転も、ほとんどの動作が前かがみ姿勢で行われます。前かがみ姿勢が続くと、体の前側の筋肉は収縮して、背中の筋肉は伸びるため、それに引っ張られて骨格もゆがんでしまうのです。また、いつもバッグを左右どちらか同じ側で持つクセや、脚を組んで座るクセがあったり、ラケットスポーツをして利き手を過剰に使ったりといったことも、左右の筋肉バランスのくずれを招き、骨格をゆがませる原因です。骨格がゆがんで、背骨の正しいS字カーブがくずれたり、骨盤が前後左右のいずれかに傾いたりすると、正しい姿勢が維持できなくなります。すると首や肩、腰やひざ、股関節など、特定の部分に集中的に負担がかかり、それが痛みやこりのもとになります。放っておくとヘルニアや関節痛などを招くことも。また、背骨には、血管の収縮や体温調節など、体のさまざまな機能を司る自律神経も走っているので、骨格がゆがむと自律神経も乱れやすくなります。その結果、冷えやむくみ、不眠などといった不調も起こりがちに……。これを防ぐためにも常にゆがみはリセットしておくことが大切なのです。

ゆがみの解消は、本来、トレーナーなどのプロの手に委ねないとなかなかできませんでしたが、それを自分で手軽にできるようにしたのがストレッチポールです。

ストレッチポールに乗って寝るだけでもゆがみが簡単にリセットできます。毎日の習慣にして、その日のゆがみはその日のうちに解消しましょう。

パソコン作業や、料理、ラケットスポーツなど、普段の生活の中に骨格をゆがませる原因は多数！

① 肩こり改善

デスクワークなどで長時間同じ姿勢を続けると、肩甲骨が固まって肩周りの筋肉が緊張し、肩こりを招きます。この体操で肩甲骨を柔軟に。

［肩甲骨の運動］

ステップ1

基本姿勢からひじを90度に曲げる

基本姿勢から、両ひじを床につけて90度に曲げる。手のひらは足のほうに向けて、指先は天井へ向ける。

指先は天井へ向ける
StretchPole
ひじは90度に曲げる

ステップ2

右手は上向きに、左手は下向きに倒す

右手は上向きに倒し、左手は下向きに倒す。ひじから下がなるべく床にぺったりとつくように倒して。このとき、肩甲骨から手を動かすこと。

右手は上向きに倒し、ひじ下は床につける
手だけでなく、肩甲骨から手を動かすのを意識
StretchPole
左手は下向きに倒し、ひじ下は床につける

10回

右手は下向きに倒し、ひじ下は床につける
肩甲骨から手を動かすイメージで行う
左手は上向きに倒し、ひじ下は床につける

ステップ3

右手を下向きに、左手を上向きに倒す

次に、右手を下向きに倒し、左手を上向きに倒し、ひじから下はなるべく床につける。肩甲骨から手を動かすのを意識。この一連の動きで1回として、10回繰り返す。

② 首こり改善

左右
各5回

［首うなずき運動］

首は本来、緩やかに前に湾曲していますが、首を前に出した姿勢が続くと形がくずれ、筋肉が緊張して首こりに。この体操で正しい位置にリセット。

ステップ1

基本姿勢から、左腕を肩の高さに伸ばす

基本姿勢になり、左腕を、肩の高さくらいに上げて伸ばす。肩が突っ張る手前の位置まで上げればOK。

StretchPole
左腕を肩が突っ張る手前の位置まで上げる。ひじから下は床につけたまま

StretchPole

StretchPole

ステップ2

首を左にひねってうなずく

首を左にひねって左腕を見て、うなずくように首を縦に振る。この動きを5回。首の筋肉が緩んで正しい位置に。終わったら、右に手を伸ばして、反対側も同様に行う。

本書をお買い上げいただき、誠にありがとうございます。
下記のアンケートにお答えいただけたら幸いです。
ご返信いただいた方の中から、
抽選で毎月5名様に図書カード(1000円分)をプレゼントいたします。

●お買い求めいただいた本のタイトル。

●この本をどうやってお知りになりましたか？（複数回答可）

1.書店で実物を見て　2.知人にすすめられて
3.テレビで観た（番組名：　）
4.ラジオで聴いた（番組名：　）
5.新聞・雑誌の書評や記事（紙・誌名：　）
6.インターネットで（具体的に：　）
7.新聞広告（　新聞）　8.その他（　）

●購入された動機は何ですか？（複数回答可）

1.タイトルにひかれた　2.テーマに興味をもった
3.装丁デザインにひかれた　4.広告や書評にひかれた
5.その他（　）

●今後、ワニブックスから出版してほしい著者や企画があれば教えてください。

●この本についてのご意見・ご感想をお書きください。

ご協力ありがとうございました。

郵便はがき

お手数ですが
切手を
お貼りください

1 5 0 - 8 4 8 2

東京都渋谷区恵比寿4-4-9
えびす大黒ビル4F

(株)ワニブックス
書籍編集部 行

ご住所 〒 TEL(　　-　　-　　)	
(ふりがな) お名前	年齢　　歳 男・女
ご職業	
メールアドレス	

●いただいたご感想を、新聞広告などに匿名で使用してもよろしいですか？（はい・いいえ）

※ご記入いただいた個人情報は、許可なく他の目的で使用することはありません。

5回

首ふり運動

今度は、首を左右に動かすことで、首うなずきの運動とは別の筋肉を緩めて、さらに首を正しい位置に戻しやすくします。

なるべく小さく左右に振る
StretchPole

ステップ3

首をできるだけ小さく左右に振る

右ページの首うなずき運動と同じく基本姿勢から両腕を肩が突っ張らない程度の高さに伸ばす。そのまま首を左右に振る。できるだけ小さく振ること。これを左右で1回として5回。

③ 猫背・姿勢矯正

［チンインエクササイズ］

頭をストレッチポールにぐーっと押し付ける動きで、前に突き出た首を正し、猫背を改善するエクササイズ。背中が伸びて美姿勢に。

顔はまっすぐ水平に保ったまま行う

頭の後ろでストレッチポールをぐーっと押す

CAUTION!

パソコン作業で前首姿勢になっている人が多数！

現代人は、パソコン作業によって首を突き出した猫背姿勢になっている人が多数。こうなると首や肩の筋肉が緊張し、こりの原因に！

これは
NG

×

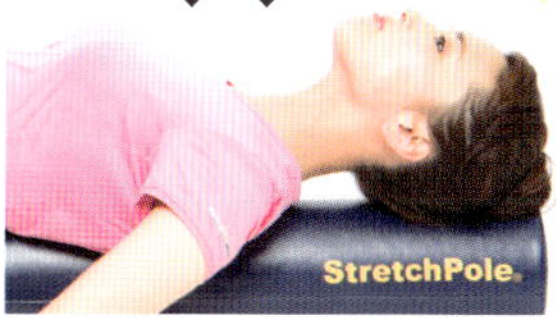

あごを上げて行うと
余計に前首姿勢に

あごを上げて行うと、余計に首が前に出てしまい逆効果。あごが上がらないように気を付けて。

×

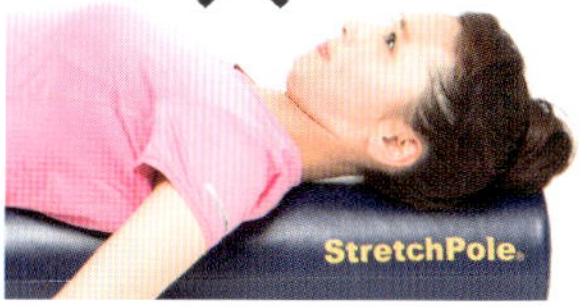

あごを引き過ぎると
首の位置が正せない

逆に、あごを引き過ぎた状態で行うと、首が正しい位置に戻りません。あごは軽く引くこと。

10秒
×3回

ステップ1

頭をポールに押し付けて10秒キープ

基本姿勢になり、顔を水平にしたまま頭の後ろでストレッチポールをぐーっと押す。あごは引いて行うこと。そのまま10秒キープ。次に、力を抜いて元に戻す。これを3回繰り返す。

④ 腰痛予防（その1）

［腹式呼吸］

体幹の筋肉が衰えていると腰の骨に過剰に負担がかかり腰痛の原因に。腹式呼吸でお腹の深部の腹横筋を鍛えると腰が安定して腰痛予防に。

ステップ 1

鼻から息を吸って お腹を膨らませる

基本姿勢になり、ゆっくりと鼻から息を吸って、お腹を膨らませる。お腹の前、横、後ろに空気を入れるイメージで膨らませて。

お腹を膨らませる
スーッ
StretchPole

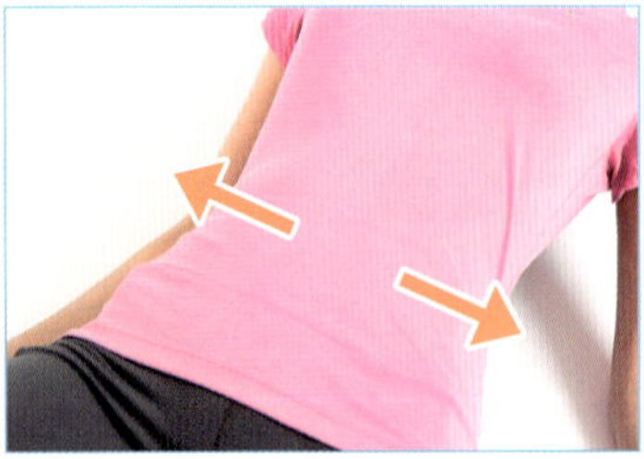

お腹を左右にも膨らませるイメージで。

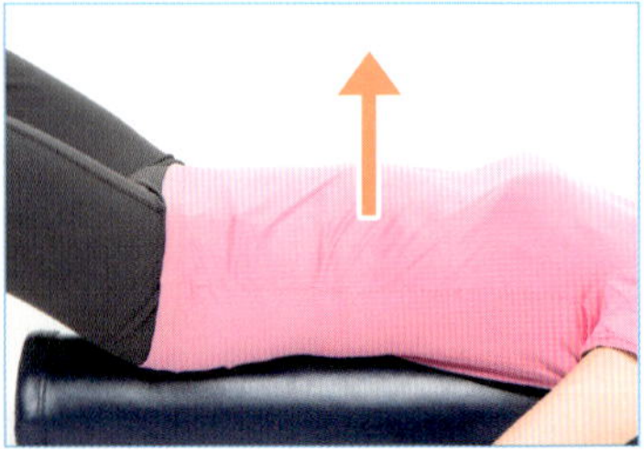

息を吸いながら大きくお腹を膨らませる。

ステップ2

口から息を吐きながら お腹をへこませる

次に、ゆっくりと口から息を吐き、お腹をへこませる。遠くのろうそくを消すように細く長く吐くこと。この呼吸をゆっくりと30秒繰り返す。

30秒

お腹をへこませる
フーッ
StretchPole

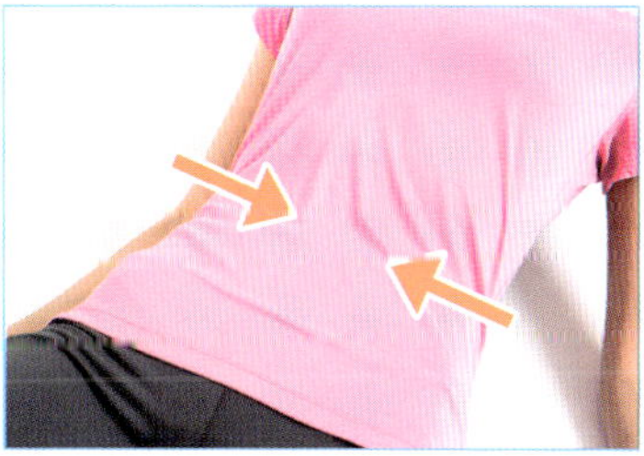

お腹の横幅も縮まるようにへこませる。

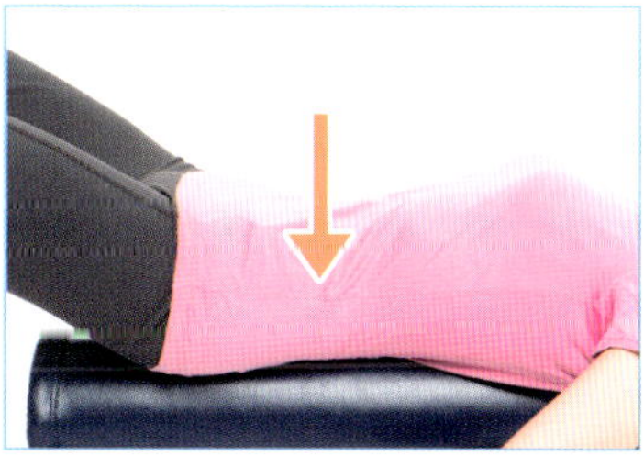

吐ききるとき、お腹を最大限にへこませて。

④ 腰痛予防（その2）

ポールに片足を乗せて転がすエクササイズ。背骨や腰の骨の動きが良くなって、骨格のゆがみが改善し、腰痛が起きにくくなります。

［横向きローリング］

上体と股関節
は90度に
StretchPole
左脚はまっす
ぐに伸ばす
ひざは90度
に曲げる
ポールは体と
平行に置く

ステップ 1

横になってポールに右のひざを乗せる

左側を下にして横向きに寝て、左手で頭を支える。ポールを体の横に縦に置き、右ひざを90度に曲げて、ひざから下をポールに乗せる。

これはNG

ポールが体と平行になっていないとNG

ポールが体と平行になっていないと、足の向きが変わってしまい、背骨のゆがみが整いません。ポールは体と平行に置くこと。

これはNG

肩が動くと背骨に効かない

ポールを転がすとき、肩が動いてしまうと背骨に効きません。肩は動かさず固定して、骨盤だけを動かしてポールを転がしましょう。

左右各30秒

ステップ2

ひざでポールを小さく転がす

右ひざでポールを前に押したり、元に戻したりと小さく転がす。肩は固定して骨盤だけを動かして。これを30秒。反対側も同様に。

⑤ 骨盤のゆがみ改善(その1)

骨盤を左右に水平に動かすエクササイズ。骨盤の左右のゆがみが改善されバランスが整い、姿勢もキレイに。腰痛も起きにくくなります。

[骨盤スライド]

ステップ 1

骨盤を左に水平に小さく動かす

基本姿勢から、骨盤を左に水平に小さく動かす。腰の骨の出っ張りがポールに当たる位置まで骨盤を動かして。

水平に動かさずポール
とともに落ちるのは×

骨盤を水平に動かさずに、ポールとともに体が落ちてしまうと、ゆがみが改善されません。骨盤は、必ず水平に動かしましょう。

StretchPole

これは NG

左右で1回として10回

腰の骨の出っ張り
がポールに当たる
位置まで動かす
StretchPole

ステップ2

骨盤を右に水平に小さく動かす

次に、同じ要領で、骨盤を右に水平に動かす。この左右の動きを1回として10回行う。できるだけ小さな動きを心がけて。

⑤ 骨盤のゆがみ改善(その2)

[フロッグキック]

カエルが泳ぐときのように脚を動かすエクササイズ。股関節が柔軟になるため骨盤周りの筋肉がバランスよく使えるようになってゆがみが改善。

ステップ1

左のかかとをすべらせてまっすぐに伸ばす

基本姿勢になり、左のつま先を外に倒し、かかとをすべらせるようにして、左脚をまっすぐに伸ばす。

かかとをすべらせて脚を伸ばす

左のつま先を外側に向けて、かかとを床につけたまますべらせるように脚を伸ばして。

ステップ2

伸ばした左脚の つま先を内側に倒す

次に、伸ばした左脚のつま先を内側に倒す。

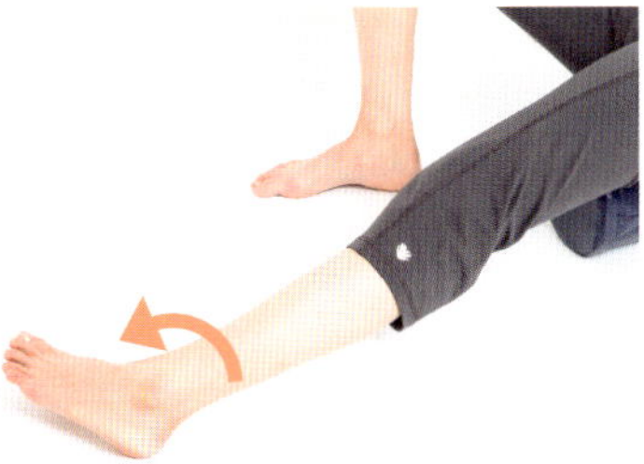

ステップ3

ひざを曲げて左脚を 手前に引き寄せる

つま先を内側に倒したまま、ひざを曲げて、かかとをすべらせながら左脚を手前に引き寄せる。かかとは2の位置から直線で動かして。

ステップ4

左ひざを外側に倒し 股関節を開く

左ひざを外側に倒して左の股関節を開く。股関節が硬くて開きにくい人は可能な範囲で開けばOK。続けるうちに開きやすくなるはず。

ステップ5

かかとをすべらせて 左脚を伸ばす

かかとをすべらせるようにして左脚をまっすぐに伸ばす。4の位置から直線でまっすぐに動かして。1～5を5回。右脚も同様に。

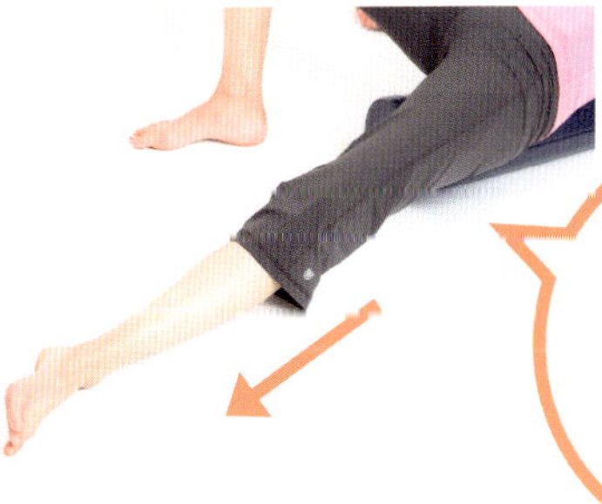

左右
各5回

❻ 股関節のゆがみ改善

股関節は球状の関節ですが、骨盤に正しい状態ではまっていないことがあり、股関節痛のもとにも。この動きで正しい位置に整えて。

［バイク］

ステップ 1

脚を持ち上げて、ひざを90度に曲げる

基本姿勢になり、片方ずつ脚を持ち上げ、ひざの角度を90度くらいにする。腕は横に伸ばし、ぐらつかないようバランスをとる。

ひざは90度
に曲げる
StretchPole
ひじから下は床
につけたまま

ステップ 2

ひざをすり合わせて右ひざを胸に近づける

左右のひざとひざをすり合わせるようにして、右のひざを胸に近づける。体がぐらつかないようにキープして行って。

右ひざを胸に
近づける
StretchPole

これは
NG

ひざを伸ばし過ぎると
腰を痛める原因に

ひざを胸に近づけて戻すときに、ひざを伸ばし過ぎると腰に負担がかかります。ひざは90度になる位置まで戻して、それ以上は伸ばさないように気を付けて行いましょう。

×

StretchPole

StretchPole
左ひざを胸に
近づける

ステップ3

右ひざを戻し、左ひざを胸に近づける

次に、右ひざを元に戻し、同時に、同じ要領で左ひざを胸に近づける。2、3の動きを自転車をこぐようなイメージで10秒行う。

10秒

⑦ 脚のむくみ改善

脚には重力の関係で血液やリンパ液が滞りやすくむくみが生じがち。脚を上げてバタ足をするこのエクササイズで循環を良くして解消を。

［バタ足運動］

ひざは90度
に曲げる

ステップ1

脚を持ち上げてひざを90度に曲げる

基本姿勢から、片方ずつ脚を持ち上げ、ひざを90度に曲げて少しお腹のほうに近づける。

ステップ2

左のかかとでお尻をたたくようにする

左のかかとでお尻をたたくようにする。必ずしもかかとがお尻に当たらなくてもOK。体がぐらつかないよう、お腹に少し力を入れて、バランスをとりながら行って。

左のかかとで
お尻をたたく
ようにする

これはNG

かかとを上げ過ぎると
お腹に力が入らない

お尻をたたいた後、かかとを上に上げ過ぎると、お腹に力が入らず、体が安定しません。バタ足は小さめに行いましょう。

右のかかとでお尻をたたくようにする

ステップ3

右のかかとでお尻をたたくようにする

次に、同じ要領で右のかかとでお尻をたたくようにする。これを左右交互にトントンとリズミカルに10秒ほど続ける。

10秒

⑧ 冷え症改善

［足首曲げ伸ばし］

普段あまり動かさず硬くなった足首を曲げ伸ばしして、足首周りの筋肉を刺激し、血流を良くするエクササイズ。末端の冷えを改善。

脚を腰幅程度に開く

ステップ 1

脚を伸ばし、腰幅程度に開く

基本姿勢から、片方ずつ脚をまっすぐに伸ばし、腰幅程度に開く。

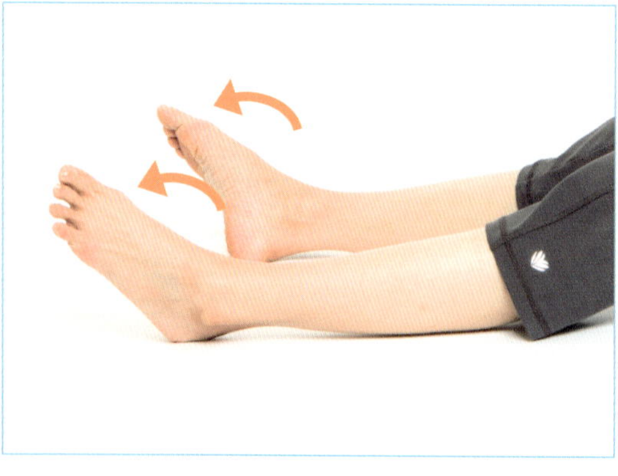

ステップ 2

**足首を伸ばして
つま先を遠くに**

足首を伸ばして、つま先を倒す。足の甲がぐーっと伸びるのを感じて。

ⓘ バリエーション

足を左右交互に曲げ伸ばしするのも血行促進に効果的

慣れたら、右の足首を曲げたら左の足首は伸ばし、右の足首を伸ばしたら左の足首を曲げるというふうに交互に曲げ伸ばしをしてみて。

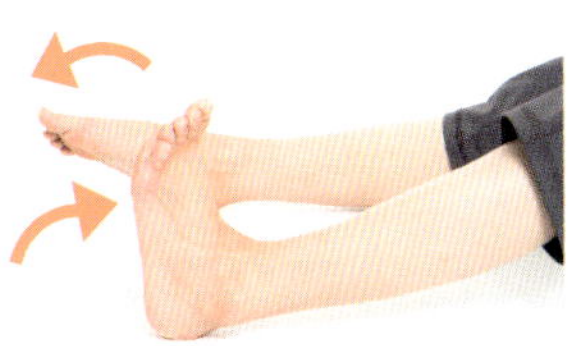

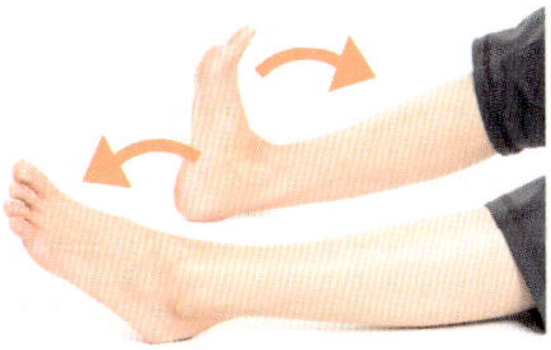

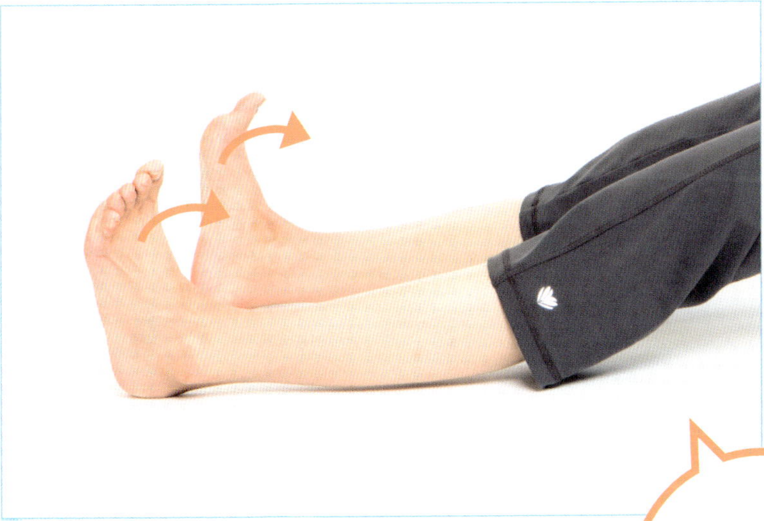

5回

ステップ3

足首を曲げて、つま先を手前に

次に、足首を曲げてつま先を手前に倒す。アキレス腱がぐーっと伸びるのを意識。この曲げ伸ばしを5回行う。

⑨ 四十肩改善

腕が上がらなくなる四十肩は、肩関節の動きが悪くなることが原因のひとつ。このエクササイズで、肩関節を緩めて正しい位置に整えましょう。

［コーン］

右手で左の手首をつかむ
左手は力を抜く
StretchPole

ステップ 1

右手で左の手首をつかみ、左手は脱力

基本姿勢になり、両手を天井に向かって上げて、右手で左の手首をつかむ。右手で少し左手を天井方向へ引っ張り、左手は脱力する。

これはNG

腕を上げ過ぎると
脱力できないのでNG

腕の位置が肩より上がり過ぎると、肩に力が入って脱力できなくなり、効果が得られません。腕は肩の上くらいに上げて行いましょう。

×

StretchPole

右手で左の手をくるくると内回しに回す
StretchPole

ステップ2

右手で左手を内側にくるくると小さく回す

そのまま右手で左手をくるくると小さく内側に回す。左手の力を抜いたままで回すこと。これを10回。終わったら、左右の手を入れ替えて反対側も同様に行う。

左右 各10回

⑩ 不眠改善

足首を回すエクササイズ。体が小さく揺れる動きによって、リラックスを促す副交感神経が優位になり、眠りに就きやすくなります。

［足首回し］

ステップ1

脚を伸ばし、腰幅程度に開く

基本姿勢から、片方ずつ脚をまっすぐに伸ばし、腰幅程度に開く。

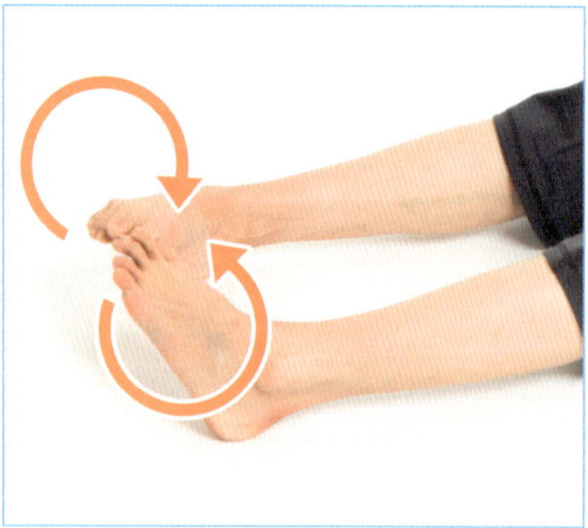

ステップ2

かかとを支点にして足首を内側に大きく回す

かかとを支点にして足首を内側にくるくると大きく回す。足首を回すことで骨盤や股関節も動くのを感じながら行って。これを5回。

POINT!

ベーシック7の ゆらゆら運動も 不眠に効果的

ベーシック7のゆらゆら運動も、体が小さく揺れる動きによって副交感神経が優位になり、心身がリラックスモードになって心地よい眠りを誘う効果が。眠れないときに行ってみて。

内回し
外回し
各5回

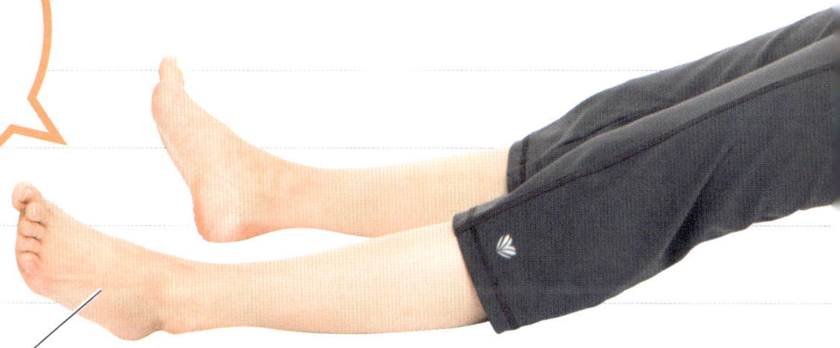

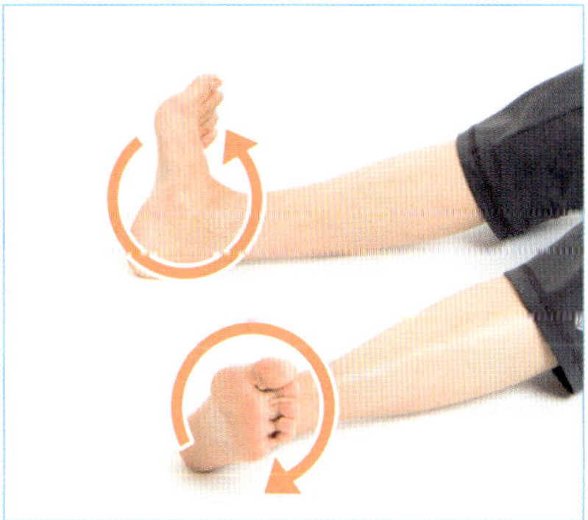

ステップ3

足首を外側にくるくると ゆっくりと大きく回す

次に、同じ要領で足首を外側に大きく回す。これを5回。激しく回すと交感神経が優位になるのでNG。ゆっくりとリラックスして回すこと。

美ボディメイクエクササイズ

ストレッチポールはボディの引き締めエクササイズにも使えます。気になる悩みに合わせて実践して美ボディに！

① お腹のたるみ解消

ひざを曲げて脚を上げ下ろしする動きで、脚から腰につながるお腹の深部の筋肉を鍛えます。ぽっこり下腹もスッキリと引き締まります。

［体幹安定エクササイズ・脚］

ステップ 1

右ひざを90度に曲げて脚を上げる

基本姿勢から、右ひざを90度に曲げて、骨盤と太もも90度になるように脚を上げる。体がぐらつかないようキープして行って。

これは NG

手に力を入れて脚を上げるとお腹に効かない

手に力を入れて支えながら脚を上げると、お腹の深部の筋肉に効かないのでNG。手や肩や脚の力を抜いて脚を上げましょう。

! 応用編

「前へならえ」をして行うとお腹引き締め効果アップ

慣れてきたら、手を「前へならえ」のように前に伸ばした状態で行いましょう。お腹の深部の筋肉がより鍛えられ、引き締め効果アップ。

ステップ2

右脚を下ろし、左脚も同様に行う

次に、右脚をゆっくりと下ろす。今度は、左脚で同様に行う。この左右の脚の上げ下ろしで1回として5回行う。

左右で1回として5回

② バストアップ

普段から猫背姿勢になっていると、肋骨がつぶれてバストが下垂。このエクササイズで肋骨を正しい状態に戻せばバストがアップ。

［クレッセント］

ステップ1

基本姿勢から左腕を上に伸ばす

基本姿勢になり、左手を上に伸ばす。腕を上げると痛みがある人は、痛みが出ない位置まで腕を下げて行えばOK。

ステップ2

左のわき腹をポールから下ろし、30秒キープ

左のわき腹をポールから少し下ろし、両ひざは右に倒してバランスをとる。左のわき腹が伸びるのを意識し、そこに空気を入れるイメージで自然呼吸をして30秒キープ。

フーッ

次に、口から息を吐きながらお腹を膨らませる。大きく膨らませず、元の状態に戻す程度でOK。これをゆっくりと30秒繰り返す。

スーッ

基本姿勢になって、鼻から息を吸いながら、お腹をへこませていき、息を吸いきったとき最大限にへこませる。このときに肋骨が広がる。

逆腹式呼吸もバストアップに効果的

バストアップには、息を吸ったときにお腹をへこませて、吐いたときに膨らませる"逆腹式呼吸"も効果的。肋骨を広げる効果が高く、胸がしっかり張れるようになってバストがアップ。

右のわき腹をポールから
少し下ろして伸ばす
両ひざは軽く
左に倒す
左のわき腹は縮める

ステップ3

反対側も同様にして、30秒キープ

今度は右手を上に伸ばし、右のわき腹をポールから少し下ろす。両ひざは左に倒してバランスをとり、右のわき腹を伸ばして三日月のような形に。自然呼吸で30秒キープ。

左右
各30秒

③ 体の軸を作る

［軸回旋運動（合掌）］

体の軸が安定していないと、まっすぐな正しい姿勢を保てず、ボディラインのくずれの原因に。このエクササイズで軸を作りましょう。

ステップ1

基本姿勢になって合掌をする

基本姿勢になり、左右の手のひらを合わせて合掌する。

左右で1回として10回

ステップ2

軸をぶらさずに体を左に倒す

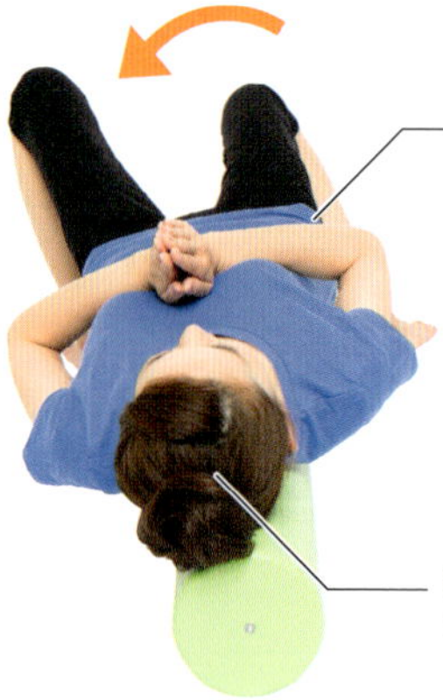

そのまま、体を少しだけ左に倒す。体が板になったようなイメージで、中心の軸はぶらさないように気を付けて、骨盤も一緒に左に倒すこと。ほんの少し倒すだけでOK。

ステップ3

軸をぶらさずに体を右に倒す

次に、同じ要領で右に体を倒す。この左右の動きを1回として、10回繰り返す。倒れるのを防ぐことで体幹の筋肉が鍛えられ、軸が安定する。

［軸回旋運動（腕伸ばし）］

右ページの合掌で行うエクササイズに慣れたら、腕を伸ばして行いましょう。体幹を鍛える効果がさらに高く、軸がしっかりと安定。

ステップ1

手のひらを合わせて腕をまっすぐ伸ばす

基本姿勢から、左右の手のひらを合わせて、腕をまっすぐ天井に向かって伸ばす。体がぐらつかないよう、しっかりと安定させて。

左右で1回として10回

腕の三角形をくずさないように注意する
中心軸はぶらさずに

ステップ2

腕の三角形をくずさず体を左に倒す

そのまま、体を少しだけ左に倒す。腕だけを左に倒さないよう、腕で作った三角形をくずさずに軸をしっかりとキープして左に倒すこと。ほんの少し倒すだけでOK。

ステップ3

同じ要領で、体を小さく右に倒す

次に、同じ要領で体を少しだけ右に倒す。この左右の動きを1回として、10回繰り返す。体が倒れないようにキープすることで体幹の筋肉に効く。

④ くびれを作る

［ツイスター］

腕をつかみながら体を左右にひねるエクササイズ。わき腹の筋肉が鍛えられて、キュッと引き締まった女性らしいくびれができます。

腕のつかみ方

右の手のひらを上に向け、左手で右手首を手の甲側からつかむ。これは顔側から見た状態。

左手で右手首をつかむ

ステップ 1

腕を伸ばし、左手で右手首をつかむ

基本姿勢になり、両腕を肩の前に伸ばし、左手で右の手首をつかむ。体がぶれないようにしっかりと安定させる。

これは NG

手だけ引っ張って
胸をひねらないのは×

手を左に引っ張るだけで、胸をひねっていないとわき腹に効かずNG。胸からひねって。

15秒キープ×左右各1回

ステップ2

胸を左側に、両脚は右側にひねる

左手で右腕を引っ張りながら胸から体を左にひねり、同時に両脚は右にひねる。右のわき腹が伸びるのを意識して15秒キープ。次に、手を組み替えて反対側も同様に。左右各1回。

ストレッチポールのバリエーション

ストレッチポールは、ベーシックなEXタイプのほかに、細めのMX、かまぼこ形のハーフカットがあります。体形や目的に合わせて選びましょう。

最も多く使われている
ベーシックタイプ

ストレッチポールEX

フィットネスクラブなどでも最も多く使われているスタンダードなタイプがストレッチポールEX。長さ98cm、直径15cmで、高さとほどよい硬度があります。長さ約98cm×直径約15cm 約700g（ネイビー、ピンク、ライトグリーン、アイボリー、イエロー全5色）ネイビー¥8,500（税抜）、他の色は各¥8,900（税抜）

EXより細めで柔らかめ。
女性や高齢者に

ストレッチポールMX

直径約12.5cmとEXより少し細く、柔らかな肌触りなのがストレッチポールMX。背中への負担が少なく、女性や高齢者、身長155cm未満の方におすすめ。長さ約98cm×直径約12.5cm 約900g（ネイビー、ピンク、ライトグリーン、アイボリー、イエロー全5色）各¥9,000（税抜）

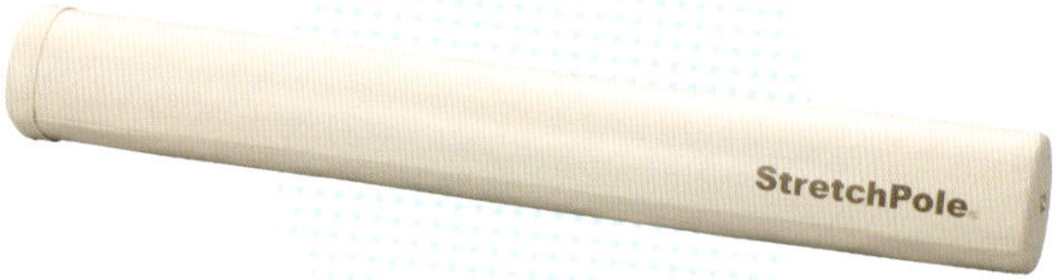

円柱形の不安定さが苦手な人に

ハーフカット

かまぼこ形で、2本1組のハーフカット。縦に2つ並べてストレッチポールと同様のエクササイズを行います。小柄な人や、円柱形の不安定さが苦手な人に。長さ約40cm×幅約15cm×高さ約7.5cm 約220g／本（ネイビー、ピンク、ライトグリーン、アイボリー、イエロー全5色）ネイビー¥6,500（税抜）、他の色は各¥6,800（税抜）

ハーフカットを使ったエクササイズ例

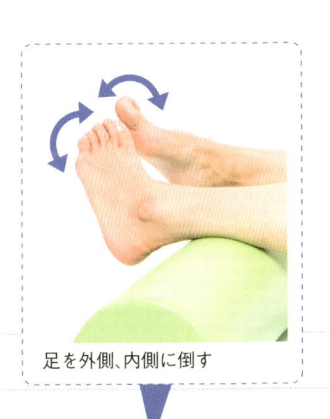

硬くなった股関節を緩めるエクササイズ。ストレッチポールとハーフカットを組み合わせて、高低差をつけて足を動かすことで効果的に股関節が緩みます。

［足ワイパー］

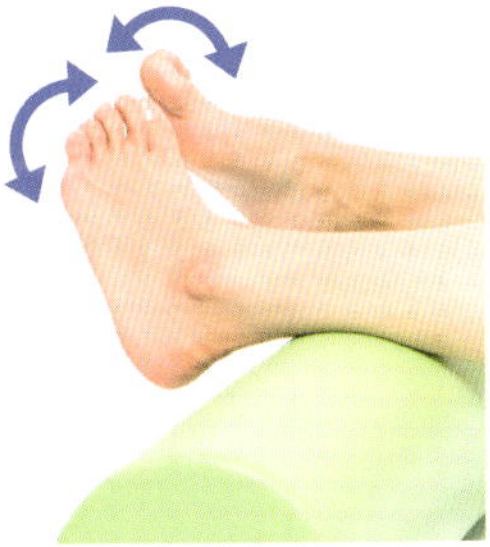

足を外側、内側に倒す

置き方

ハーフカットを縦に２つ並べて置き、足元にストレッチポールがくるように横に置く。

外倒し 内倒し 各5回

ステップ 1

ハーフカットに乗り、足を外側、内側に倒す

ハーフカットが背中の中心にくるようにして仰向けに乗り、両脚の足首をストレッチポールに乗せる。そのまま足を外側に倒し、次に内側に倒す。この外倒し、内倒しを各５回。

ストレッチポール Q&A

Q1 使い始めてどれくらいで効果を感じますか？

A1 背中が床につく感じは、1回の使用でも感じられます

効果の出方には個人差がありますが、最も実感しやすいのは、使用後に仰向けに寝たとき背中がぺったりと床につく感覚です。これは筋肉が緩んだ証拠。この効果は１回の使用でほとんどの人が実感できます。姿勢が整ったり、体幹が引き締まる感じも1週間〜10日ほどで感じる場合が多いと思います。

Q2 ストレッチポールは毎日使ったほうがいい？

A2 毎日使って、１日のコリを解消して寝るのが理想的

毎日、少なくとも一度、夜に行うことをおすすめします。日々のデスクワークなどで前かがみ姿勢を続けて硬くなった筋肉を放置していると、骨格がゆがんで不調のもとに。１日の生活でこり固まった筋肉をストレッチポールでほぐし、正しい姿勢に戻して睡眠をとることが翌日の元気につながります。

Q3 １日に何回も乗ってもいいの？

A3 何回乗ってもOK。ただし、１回の使用は15分以内に

ストレッチポールは、１日に何回乗っても構いません。ただし、15分以上乗り続けると、背骨に痛みを感じることがあります。１回の使用は15分以内にとどめましょう。

Q4 肩や腰に痛みがありますが、ストレッチポールを使ってOK？

A4 無理に行わず、医師の指示に従いましょう

病院で治療が必要な症状がある場合は、無理に行わず、医師の指示に従いましょう。また、使用中に痛みを感じた場合は、直ちに使用を控えてください。

Q5 子どもや高齢者でも使っていいですか？

A5 お子さんはMX、高齢者はハーフカットがおすすめ

ストレッチポールは、子どもや高齢者でもお使いいただけます。体の小さいお子さんには、直径が小さく、表面が柔らかいストレッチポールMXがおすすめ。高齢者には、底が平らで安定しているハーフカットがおすすめです。

STRETCH POLE &HIMETORE OFFICIAL BOOK

CHAPTER 2

ひめトレ編

「ひめトレ」は、今までなかなか鍛えることができなかった“骨盤底筋”のトレーニングができるツール。姿勢の改善や、ボディの引き締め、女性特有の体の不調の改善と、うれしい効果がいっぱい。その効果の秘密や、使い方、エクササイズまでを詳しくご紹介！

ひめトレとは？

鍛えづらかった骨盤底筋にアプローチ

ひめトレは、骨盤底筋をトレーニングできるツールです。骨盤底筋は、骨盤内の臓器を下から支える筋肉（P82参照）ですが、出産や、加齢に伴う筋力の低下によって衰えやすい傾向があります。すると子宮や膀胱、直腸などの臓器が下垂し、尿モレや便秘、婦人科系の不調と、さまざまなトラブルのもとに。骨盤底筋は自分で引き上げるように力を入れることで鍛えることが可能です。でも骨盤底筋の位置は自分で把握しづらく、どこに力を入れればいいかわかりにくいのが難点。そこで役立つのがひめトレです。ひめトレは高さが４cmあり、股間に当てて座ると骨盤底筋が押し上げられて最大収縮します。これによって骨盤底筋が引き上がる感覚を体で認識でき、自分でもトレーニングしやすくなるのです。さらにひめトレには、姿勢を整え、体を引き締める効果も。普段ほとんどの人は、骨盤を後ろに倒して〝尾骨〟で座っていますが、本来は〝座骨〟

岡橋優子

早稲田大学スポーツ科学科非常勤講師。日本コアコンディショニング協会スーパーバイザー。アスカ代表取締役。骨盤底筋に精通し、ひめトレのプログラム開発に携わる。

で座るのが正解。そうすると骨盤が立って姿勢も正しくなります。ひめトレを股間に当てて座ると自然と座骨で座れるため、骨盤が立って正しい姿勢になります。また、骨盤底筋は体のコアを支える筋肉＝インナーユニット（P11参照）のひとつ。ひめトレに乗って骨盤底筋が引き上がると、連動してお腹の腹横筋や背中の多裂筋にも力が入ります。そのためお腹や背中が引き締まるのです。さらにエクササイズを加えれば、それ以外のパーツの引き締めや不調改善効果も。美姿勢、美ボディ、健康の維持に役立ててほしいツールです。

ひめトレに座ると骨盤がまっすぐに立ち、正しい姿勢に

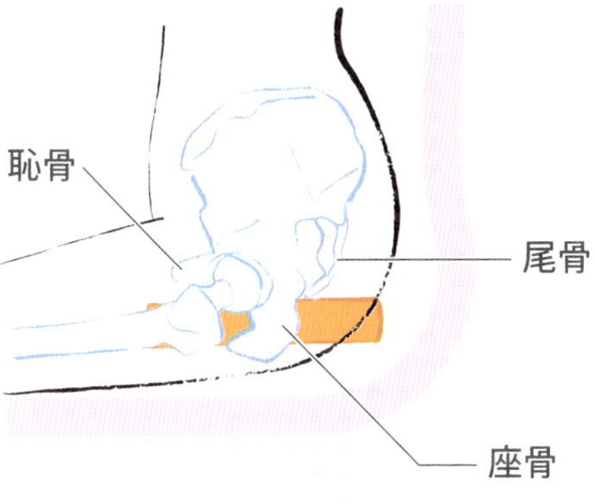

ひめトレを股間の中央に当てて座ると、恥骨と尾骨にひめトレが当たって座骨で座るようになり、骨盤がまっすぐ立って正しい姿勢に。

ひめトレに座ると骨盤底筋が押し上げられて最大収縮

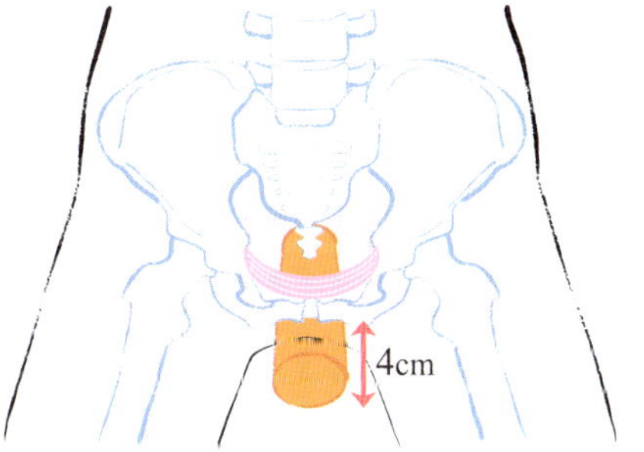

高さ4cmのひめトレを股間に当てて座ると骨盤底筋が最大収縮。この感覚をつかむことで、自分で骨盤底筋を引き上げる力が身に付きます。

骨盤底筋とは？

骨盤内の臓器を支え、排尿や、排便、生殖にも関わる重要な筋肉

骨盤底筋は、骨盤の底にハンモックのように広がる筋肉で、子宮や膀胱、直腸などの骨盤内の臓器を下から支える働きがあります。また、骨盤底筋は、横隔膜、腹横筋、多裂筋とともにインナーユニット（P11参照）を構成しています。インナーユニットの４つの筋肉は連動していて、呼吸とともに４つが収縮、弛緩を繰り返すことで、腹圧が一定に保たれ、内臓に負担がかからないような働きをしています。そのほか、骨盤底筋には、尿道や肛門、膣を締める働きもあり、排尿や排便に携わっているほか、生殖機能にも深く関わっています。このように多くの重要な働きがあるので、骨盤底筋を鍛えると左ページのように多くのメリットが期待できます。

骨盤底筋のおもな働き

- 内臓を下から支えている
- 排尿・排泄に携わっている
- 生殖機能をもつ
- 呼吸と連動して腹圧を一定に保つ

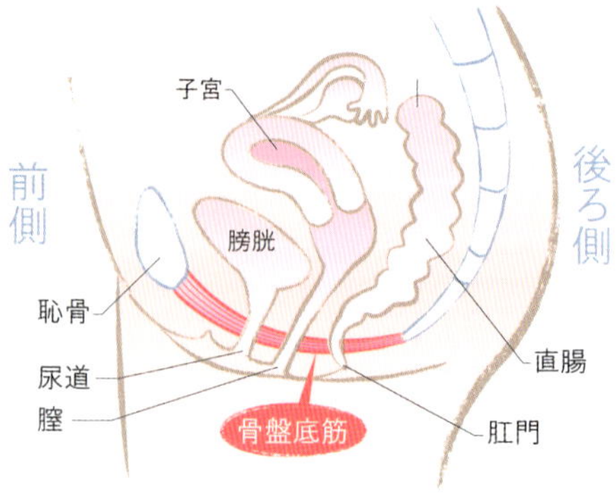

骨盤底筋は骨盤の底にハンモックのように広がり、骨盤内臓器を下から支えています。

骨盤底筋を鍛えるとこんなメリットが！

お腹や背中が引き締まる

骨盤底筋は、お腹の腹横筋や、背中の多裂筋と連動しているので、鍛えれば腹横筋、多裂筋も強化され、お腹や背中が引き締まります。

排尿、排便機能が正常になる

骨盤底筋は、尿道や肛門を締める働きがあるので、衰えると尿失禁や便失禁の原因に。逆に鍛えれば、排尿、排便機能が正常になります。

生殖機能が正常になる

骨盤底筋を鍛えると、骨盤内の臓器が正しく支えられ、血流も良くなるので、婦人科系のトラブルが改善。生殖機能も正常に働くように。

内臓が正しい位置に戻り、代謝がUP！

骨盤底筋がしっかり鍛えられていると、内臓が正しい位置に安定します。そのため内臓の機能も正常になり、代謝もアップします。

姿勢が整い、パフォーマンスが上がる

骨盤底筋を鍛えるとインナーユニットが強化され、体幹が安定して姿勢が整います。動作もラクになるので運動のパフォーマンスもアップ。

骨盤のゆがみが原因の腰痛が改善

骨盤底筋を鍛えてインナーユニットが強化されると、背骨や骨盤がゆがみにくくなるので、ゆがみが原因で起こる腰痛が起こりにくくなります。

エクササイズを始める前に

ひめトレは、置き方や基本姿勢がとても重要です。エクササイズ前に、まずこれらの基本をマスターしましょう。

ひめトレの置き方

ひめトレのエクササイズは、ひめトレをイスに置いて、その上に乗って使うのが基本です。まずは、正しい置き方から覚えましょう。

ロゴが見えるように置く

ひめトレには「StretchPole」のロゴが入っているので、ロゴが上にくるように置くこと。

やや平らなほうを下にする

ひめトレを正面から見ると、半分が球形で、もう半分がやや平らな楕円になっている。ロゴを上にして楕円形のほうを下にする。

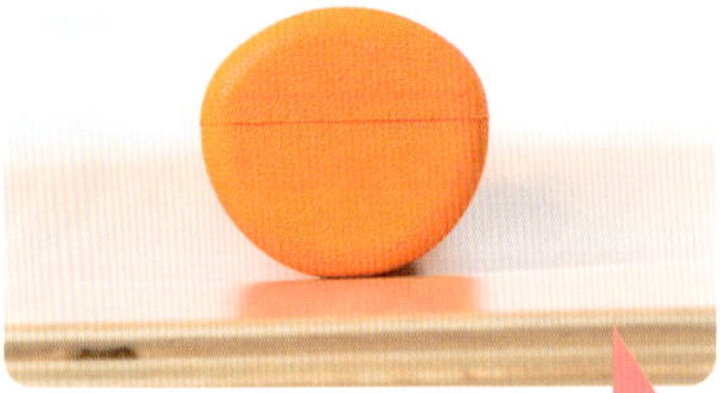

痛い人は

ロゴを上にして座ったときに痛みを感じる人は、ロゴを下にして楕円形のほうを上にして使って。それでも痛む場合は使用を中止。

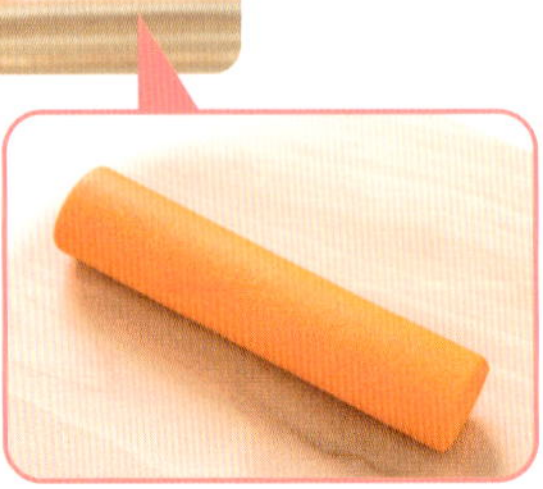

ひめトレ

骨盤底筋を鍛える目的で開発された専用ツール。日常生活の中で緩んだ骨盤底筋を引き締めます。長さ約20.5cm×幅約4.5cm×高さ約4cm　約70g（オレンジ、ライトグリーン全2色）各¥2,700（税抜）

ひめトレをイスの中央に縦に置く

座面がフラットで、沈み込まないイスを用意し、ひめトレをイスの座面の中央に、縦に置く。

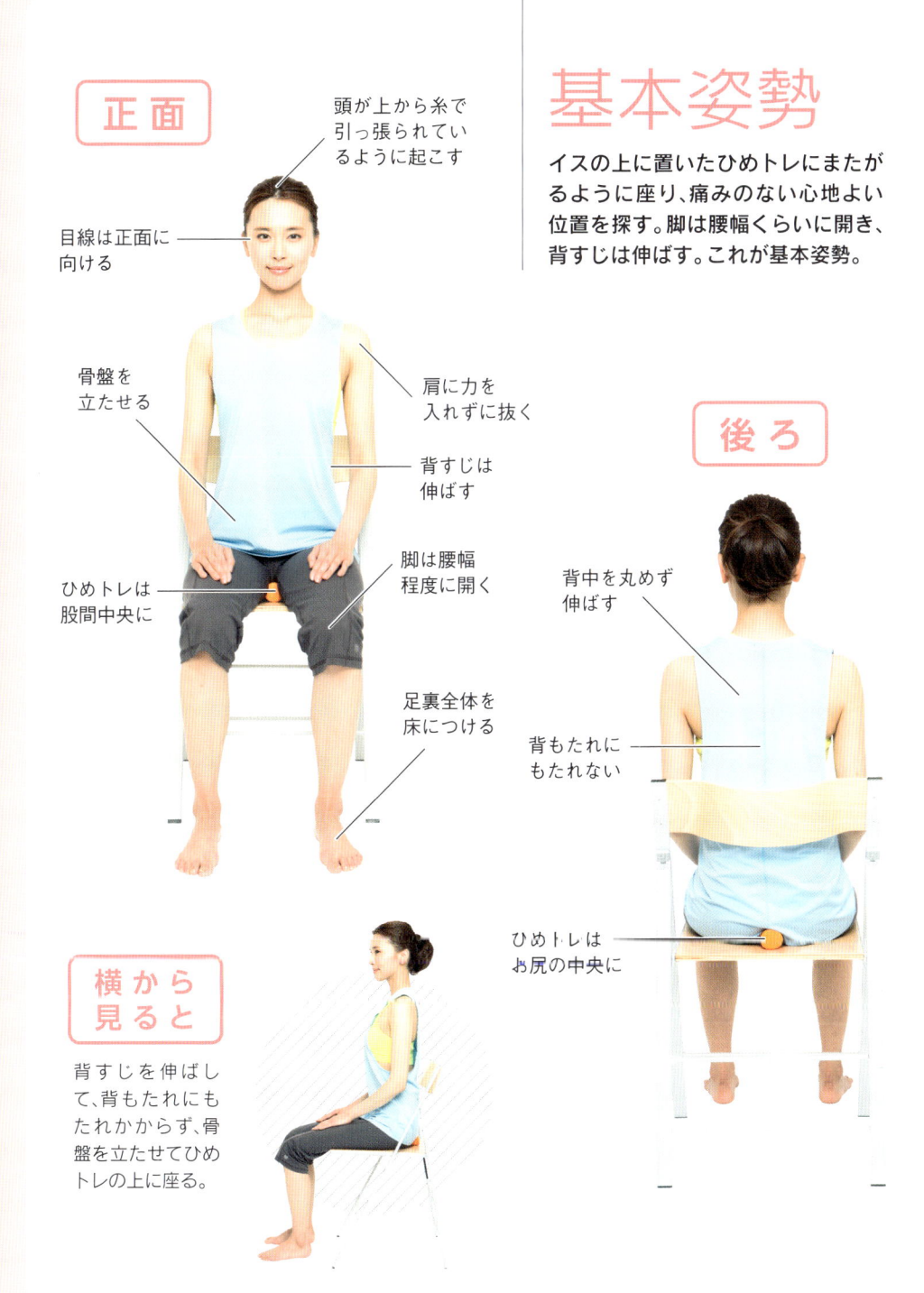

基本姿勢

イスの上に置いたひめトレにまたがるように座り、痛みのない心地よい位置を探す。脚は腰幅くらいに開き、背すじは伸ばす。これが基本姿勢。

正面

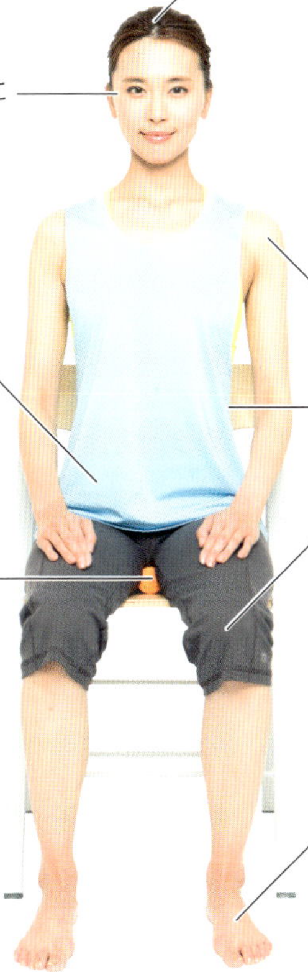

頭が上から糸で引っ張られているように起こす
目線は正面に向ける
骨盤を立たせる
肩に力を入れずに抜く
背すじは伸ばす
脚は腰幅程度に開く
ひめトレは股間中央に
足裏全体を床につける

後ろ

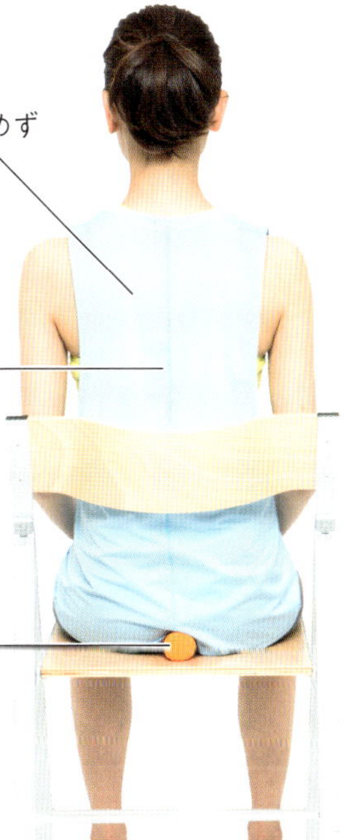

背中を丸めず伸ばす
背もたれにもたれない
ひめトレはお尻の中央に

横から見ると

背すじを伸ばして、背もたれにもたれかからず、骨盤を立たせてひめトレの上に座る。

横置きの場合の基本姿勢

ひめトレは、ほとんどのエクササイズでは縦に置いて行いますが、まれに横置きで行うエクササイズも。横置きの場合の基本姿勢がこちら。

横置きすると何が違うの？

ひめトレを横置きにすると、前後に転がって骨盤や背骨がより動きやすくなるため、一部の上半身のエクササイズがいっそう効果的に行えます。本書では、わきのハミ肉解消（P108～109）や腰痛予防（P110～111）のエクササイズで横置きにして使っています。

横置き

ひめトレをイスの中央に横向きに置き、座骨をひめトレの上に乗せて、体重を左右均等にかけて座るのが基本姿勢。

頭が上から糸で引っ張られているように起こす
背すじを伸ばす
脚は腰幅程度に開く
骨盤を立たせる
座骨をひめトレに乗せて座る
足裏全体を床につける

イスがない場合の基本姿勢

家にイスがない場合、床に座ってひめトレを行うことも可能。基本姿勢は、あぐらと、脚を前に出してひざを曲げて座るパターンがあります。

横向き

前傾姿勢にならないように背中や腰をまっすぐに伸ばし、骨盤をまっすぐに立てましょう。

腰を丸めないように
骨盤をまっすぐ立てる

正面

あぐらをかいて、股間の中央にひめトレを置き、骨盤をまっすぐに立てた状態が基本姿勢。

骨盤をまっすぐに立てる
ひめトレは股間の中央に

これはNG

背中や腰が丸まるのは正しく乗れていない証拠

背中や腰が丸まった状態はNG。正しくひめトレに座れていれば、骨盤が自然とまっすぐに立つため、背中や腰が丸まりません。

あぐらが難しい場合

脚を前に出してひざを曲げて座り、脚を肩幅程度に開き、股間の中央にひめトレを置く。

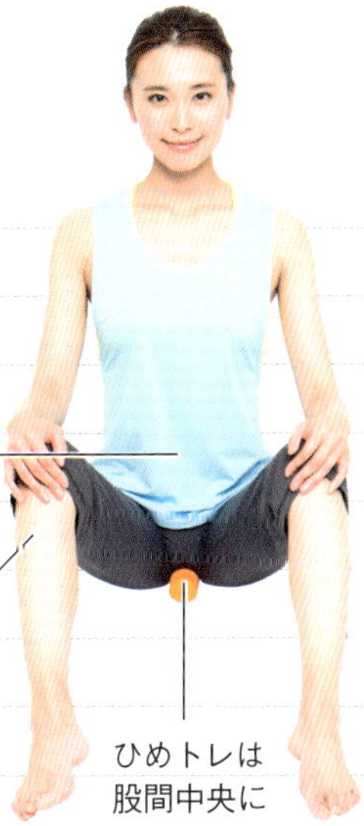
骨盤はまっすぐ立てる
ひざは曲げて肩幅程度に開く
ひめトレは股間中央に

セルフモニタリング

ひめトレを使う前に、いろんなポーズをとって自分の現在の体の状態をチェックしてみましょう。エクササイズ後に再び行って、変化を確認。

座る

イスに座ったとき、お尻がイスに当たる感覚がどんな感じかをチェックして、覚えておきましょう。エクササイズ後は、よりお尻がイスにぺったりついて安定した感じになったり、座骨が当たる感じが強くなったりします。

体を左右にひねる

イスに座って、両手を胸の前でクロスさせて、体を左右にひねってみましょう。どこまでひねることができるかをチェック。また、左右のどちらかがひねりにくくないか、ひねったときに突っ張り感がないかなどを確認。

肩を回す

イスに座って、指先を肩に置き、そのまま肩を、外回し、内回しに回してみましょう。肩をしっかりと回すことができるかをチェック。また、左右どちらかが回しにくくないかもチェックしておきましょう。

片足立ち

背すじを伸ばして片足立ちをします。ふらつかず、バランスよく立てるかをチェック。また、左右それぞれの足で片足立ちをしてみて、どちらか立ちにくいほうがないかもチェックしておきましょう。

高齢者から
若い女性まで
多くの人が
効果を実感！

私たち、ひめトレを活用しています！

ひめトレは、さまざまなトレーニングの現場で活用され、
幅広い年齢層の人たちが、その効果を実感しています。

尿もれが気になる高齢者に好評！
帰りには姿勢もシャキッとします

ひめトレ教育トレーナー
神奈川県体力づくり体操連盟理事
ポールスターピラティス インストラクター

高橋亜紀さん

「ひめトレは、高齢者への指導で導入していますが、尿モレが最も気になる世代なので、熱心に参加してくださいます。一番嬉しいのは、レッスンから帰るときの後ろ姿がシャキッとしていることです。そのほかパーソナルトレーニングやピラティスの指導でもひめトレを取り入れています。今までクライアントさんに骨盤底筋群を意識してもらうのは難しかったのですが、ひめトレに出合ってからはオープンにお股の話ができるようになり(笑)、指導がしやすくなりました！ 20代の女性のクライアントさんからは“生理痛が軽くなった気がする”との声もありました」

運動指導歴15年。P.A Style代表。地域での高齢者指導をはじめ、スポーツクラブなどでピラティス、ダンスエクササイズなどを指導するほか、パーソナルトレーナーとして活動中。ひめトレやシナプソロジーの教育トレーナーとして人材育成に従事。

ひめトレは、理想のボディメイクをするうえでの必須アイテムです！

ひめトレ教育トレーナー
NPO法人いきいきのびのび健康づくり協会所属

井藤久美子さん

「ひめトレは、スポーツジムや少人数制スタジオなどで導入しているほか、自治体での体験会、パーソナルセッションなどでも使っています。脊柱を動きやすくしたり、ウエストをシェイプしたり、股関節を整えたりと、いろいろな目的で使っています。ひめトレを使うと、コアにスイッチが入るのでピラティスやヨガが行いやすくなりますね。誰でも簡単に使えるので、今では理想のボディメイクを行ううえで欠かせない必須アイテムになっています！」

運動指導歴26年。機能改善のメソッドを取り入れたピラティスやヨガから、有酸素運動、コンデショニングなどまでを幅広く指導。スクールや、プライベート指導、養成などの業務を通して、本来のしなやかで機能的な体作りを提案。

ひめトレ
エクササイズ

ひめトレの基本エクササイズはたった5パターン。これを毎日続けるだけでも効果は十分。さらに自分の悩みに応じて、部分やせエクササイズや、むくみや肩こりなどの不調改善に効果的なエクササイズもプラスしてみて。

ひめトレ ベーシック5

ひめトレの基本となる5つのエクササイズをご紹介。BASIC1～5を行えば、骨盤底筋が鍛えられ、美脚、くびれ、お腹やせが実現！

1 BASIC5

ベストポジション探し

ひめトレは均等に体をあずけて乗ることが大事ですが、この方法なら、簡単にベストポジションを見つけられ、正しい基本姿勢に。

ステップ1

ひめトレが股間中央にくるように座る

ひめトレを、イスの座面の中央に縦に置く。股間の真ん中が、ひめトレの中心にくるようにして、ゆっくりと座る。

ステップ2

位置を確かめながら体を右に傾ける

ひめトレの位置を確かめながら、体を右に傾ける。ちょうどいいバランスを確認するためなので、大きく傾け過ぎないように。

ステップ3

体を左に傾けて、座る位置を調整

次に、体を左に傾ける。座る位置を調整しながら、何回か左右に倒してみて、上体を左右均等に倒せる位置を探して。

POINT!

体の中心軸を意識しながらゆらゆら揺れてみる

前後左右にゆらゆら揺れながら、ベストポジションを探します。あまり大きく体を傾けて倒し過ぎないのがポイント。股の下から頭の上まで“まっすぐ”に、中心軸を意識して。

これが基本姿勢

ステップ4

体を前に倒してベストな位置を探す

次に、体を前に倒し、自然に体を倒せる座り位置を探す。ひめトレに恥骨が当たるくらい倒して、違和感のない位置を探してみて。

ステップ5

体を後ろに倒し、痛くない位置に調整

次に、ひめトレに尾てい骨が当たるくらい体を後ろに倒す。前後のバランスがよく、痛みを感じない位置に座り位置を調整する。

ステップ6

ラクに座れる位置がベストポジション

痛みや違和感を感じない位置に座れたら、これが基本姿勢。すべてのエクササイズはこの基本姿勢から始めること。

2 BASIC5

シッティングツリー

上半身をまっすぐに伸ばすエクササイズ。骨盤がまっすぐになり、姿勢が整います。呼吸がラクになり、下腹もスッキリ。

ステップ1

胸の前で両手を合わせる

ひめトレをイスの中央に縦に置き、股間の真ん中がひめトレの中心にくるように座る。手や肩の力は抜いて、胸の前で手を合わせる。

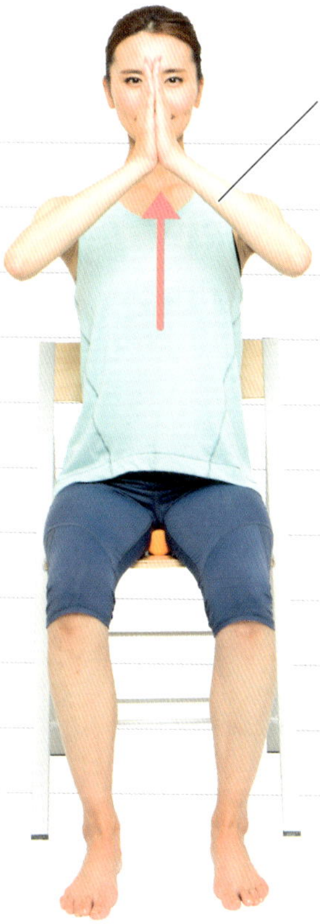

ステップ2

合わせた手を上へと伸ばしていく

体の中心軸を意識し、ひじをゆっくりと伸ばしながら、合わせた手をまっすぐ上へ伸ばしていく。

横向き

胸が上を向くように腕を伸ばすこと

横から見たときの正しい状態。自然に呼吸をしながら、背すじを伸ばし、胸が上を向くようなイメージで腕を伸ばすのがコツ。

これは NG

背中が丸まり、顔や腕が前に倒れると効果なし

腕を伸ばすとき、背中が丸まって、顔や腕が前に倒れてしまうと効果がありません。体を丸めずに腕をまっすぐ上に伸ばしましょう。

5回

ステップ3

腕をしっかりと上に伸ばす

ひじがピンと伸びるまで、しっかりと腕を上に伸ばす。5秒ほどキープしたら、いったん手を元に戻す。これを5回行う。

3 BASIC5

シッティングバードウィング

左右の肩甲骨が開いていると背中が丸まり、肩こりやバストの下垂の原因にも。このエクササイズで肩甲骨を寄せて正しい位置に。

ステップ1

両手をまっすぐ上に伸ばす

ひめトレをイスの中央に縦に置き、股間の真ん中がひめトレの中心にくるように座る。手のひらを内側にして両手を上に伸ばす。

ステップ2

手のひらを外側へ返す

両手を上げた状態で、内側に向けた手のひらを、外側へと返す。

5回

ステップ3

ひじを曲げて肩のあたりまで下げる

外側に向けた手を、ひじを曲げながら肩のあたりまで下げる。このときひじを少し後ろに引いて左右の肩甲骨を寄せて。これを5回。

後ろから見ると

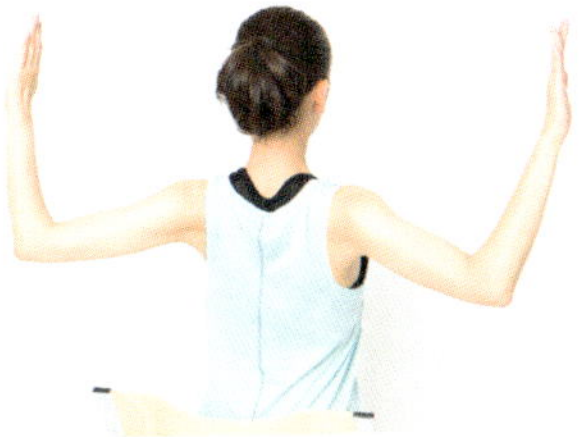

ひじをやや後ろに引き、左右の肩甲骨を寄せる

ひじを少し後ろに引き、左右の肩甲骨がキュッと寄るのが正しい状態。胸を張ることを意識しながら行うとラクにできるはず。

これはNG

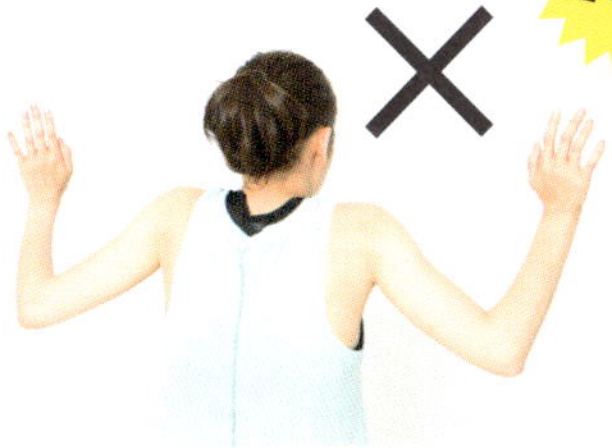

背中が丸まっていると肩甲骨が寄らない

ひじを曲げて肩の高さに下ろしたとき背中が丸まっていると肩甲骨が寄らず、効果が得られません。胸を張って肩甲骨を寄せること。

4 BASIC5

シッティングシェイプブレス

息を吐きながら肋骨を締めるエクササイズ。これを続けると、
ウエストにくびれができ、メリハリボディに。

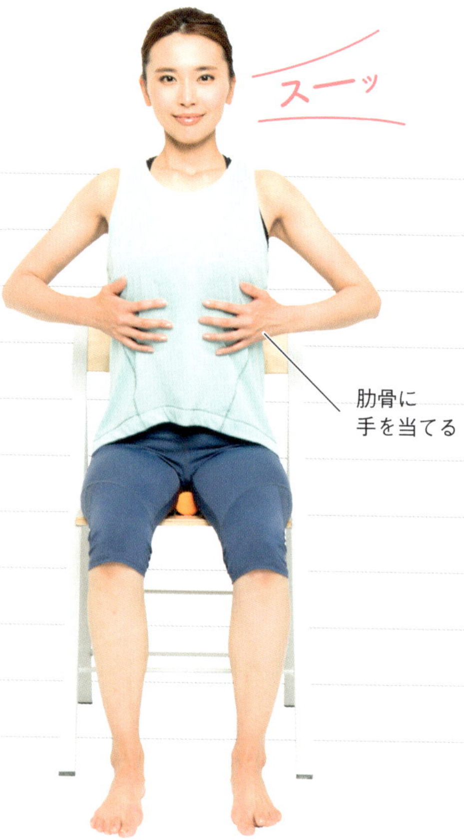
スーッ
肋骨に
手を当てる

ステップ1

息を吸い、手の間隔が広がるのを意識

股間の真ん中がひめトレの中心にくるように座る。胸の下の肋骨に手を当て、ゆっくり息を吸い、左右の手の間隔が広がるのを意識。

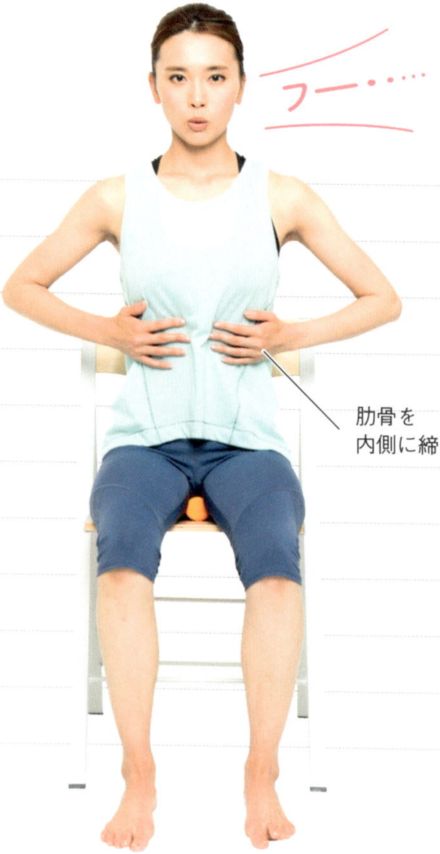
フー・・・・・
肋骨を
内側に締める

ステップ2

息を吐きながら肋骨を内側に締める

ゆっくりと息を吐きながら、肋骨を内側に閉じるイメージで締めていく。

これは
NG

×

背中を丸めると肋骨を
締める筋肉に効かない

息を吐くときに、背中が丸くなると、肋骨を締める筋肉に力が入らないのでNG。背すじをまっすぐにキープして行いましょう。

体の前で手を
交差させる

5回

ステップ3

息を吐きながら体の前で手を交差させる

そのまま息を吐きながら、両手を体の前に伸ばして交差させ、肋骨を締める。体はまっすぐな状態のまま行って。これを5回。

5 BASIC5

ツイストブレス

体をひねる動きで、わき腹の腹斜筋を鍛えるエクササイズ。キュッと締まったくびれができるだけでなく、下腹の引き締め効果も。

ステップ1

基本姿勢になり、息をゆっくり吸う

ひめトレをイスの中央に縦に置き、股間の真ん中がひめトレの中心にくるように座る。基本姿勢をキープして、息をゆっくりと吸う。

ステップ2

息を吐きながら上体を右にひねる

息をゆっくりと吐きながら上体を右にひねる。ひねったら、吸って吐いてを3回繰り返す。無理にひねらず真横を向く程度でOK。

これは NG

×

体が前に倒れると
腹斜筋に効かない

体をひねるとき、上体が前に傾いてしまうと、わき腹の腹斜筋に効きません。上体をまっすぐにキープしたままひねりましょう。

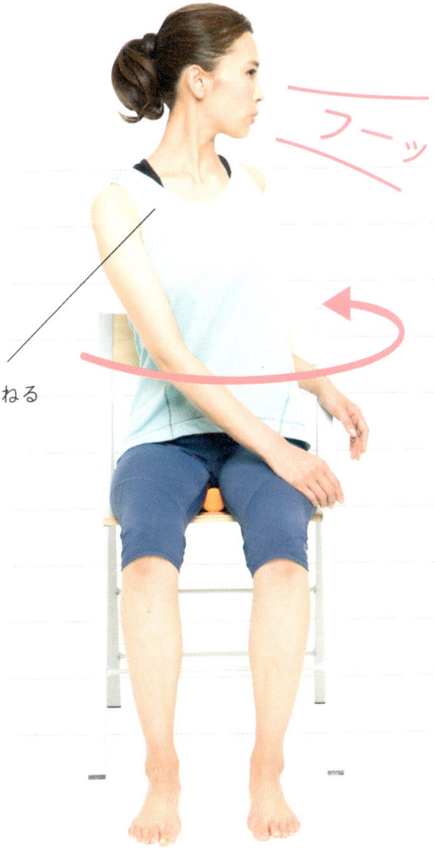

左右 各3回 呼吸

ステップ3

息を吐きながら上体を左にひねる

息を吸いながら上体を正面に戻す。次に、息を吐きながら上体を左にひねる。ひねったら、吸って吐いてを3回。

ひめトレで部分やせ

ひめトレは、お腹や脚、ウエスト、わきなど気になるパーツの部分やせにも効果的。悩みに合わせてトライ！

① お腹すっきり

「ほー」と言いながら呼吸して体幹のインナーユニットを鍛えます。“自前のコルセット”を作り、お腹をスッキリと引き締め。腰痛予防にも。

[ほー呼吸]

ステップ 1

ひめトレに乗り、息をゆっくり吸う

ひめトレをイスの中央に縦に置き、股間の真ん中がひめトレの中心にくるように座る。基本姿勢をキープして、息をゆっくりと吸う。

これは
NG

✕

背中を丸めて吐くと
体幹の筋肉に効かない

背中を丸めて息を吐くと、体幹の筋肉を鍛えることができません。背すじをまっすぐ保ったまま息を吐くのがポイントです。

ほー

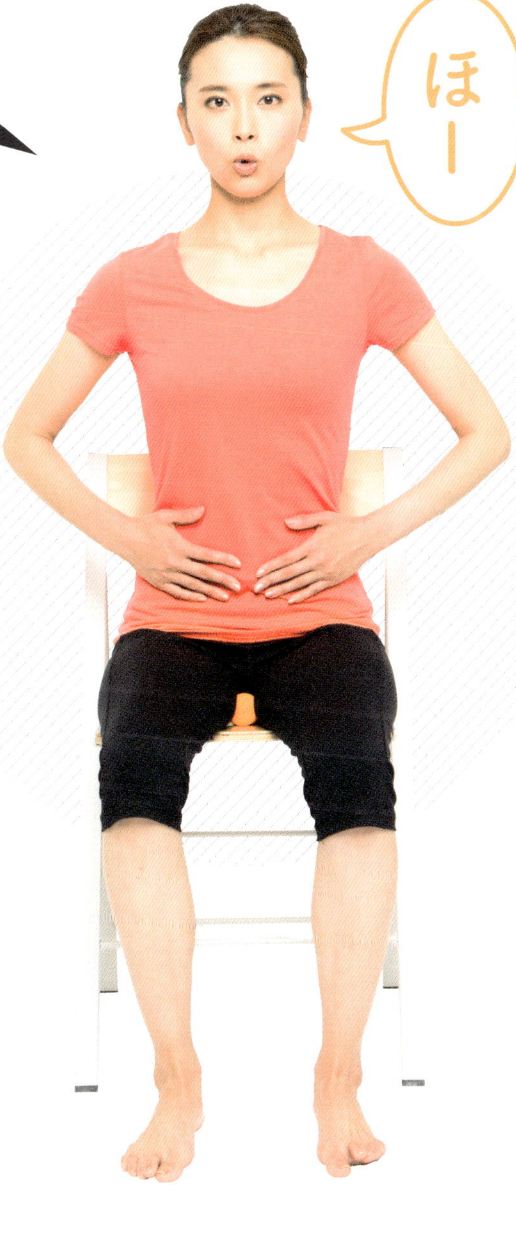

10回

ステップ2

「ほ～」と言いながら息を吐く

下腹に両手を当てて、「ほ～」と言いながら、ゆっくりと息を吐き出す。息を吐ききったときお腹がしぼむのを意識。これを10回。

② すらりとした美脚に

立ってひめトレを股間にはさむことで、ふくらはぎと内もも、お尻を同時に鍛えます。脚のラインがまっすぐになり、すらりとした美脚に。

［カーフレイズ］

正面

ステップ 1

**両足のかかとをつけて
ひめトレを股間にはさむ**

脚を揃えて立ち、つま先をこぶし1個～1個半分開き、かかとをつける。背すじを伸ばし、ひめトレを落とさないように股間にはさむ。

これは NG

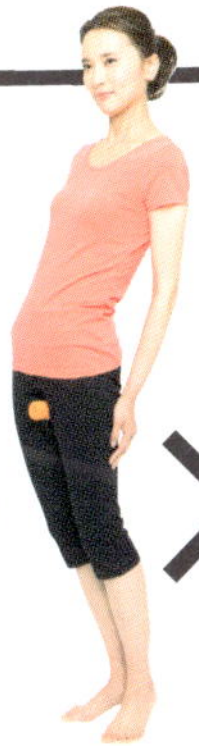

後ろに倒れると
筋肉が鍛えられず
腰痛の原因にも

体が後ろに倒れると、正しく筋肉が鍛えられないうえ腰を痛める原因に。頭頂部から真上に引き上げるイメージで体をまっすぐに。

前につんのめると
正しく筋肉が
鍛えられない

かかとを上げたとき、体が前につんのめると、ふくらはぎ、内もも、お尻の筋肉に効かないのでNG。まっすぐにキープして行って。

3秒キープ 10回

体がぐらつかないように保つ
ひめトレは落ちないようキープ
左右のかかとをつけたまま上げる

ステップ2

ひめトレをキープしてかかとを上げる

内ももを意識してひめトレを落とさないよう保ち、左右のかかとをつけたまま上げて3秒キープ。次にかかとを下ろす。これを10回。

③ くびれくっきり

「おっおっ」と言いながら息を吐くエクササイズ。「おっ」と言うたびに体幹の腹横筋や、わき腹の腹斜筋が刺激され、くびれがくっきり！

［おっ呼吸］

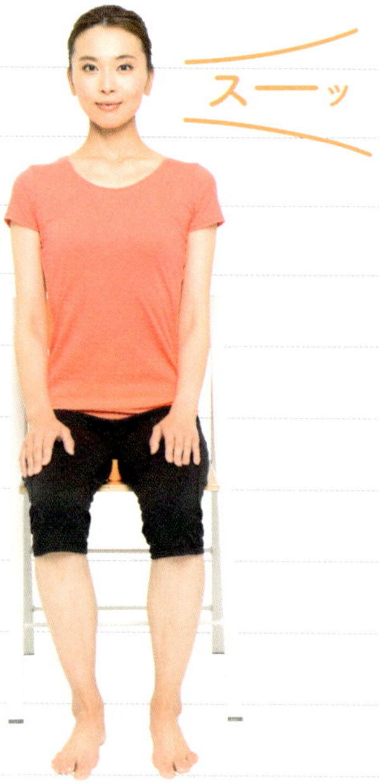
スーッ

ステップ 1

ひめトレに乗り息をゆっくり吸う

ひめトレをイスの中央に縦に置き、股間の真ん中がひめトレの中心にくるように座る。基本姿勢をキープして、息をゆっくりと吸う。

おっおっ
「おっ」と言うたびにお腹が引き締まるのを意識

ステップ 2

「おっおっ」と言いながら息を吐く

背すじを伸ばし、お腹を囲むように両手を置いて、「おっおっ」と言いながら息を吐く。これを30秒繰り返す。

これはNG

×

首を前に出して
「おっ」と発音すると
お腹に効かない

首を前に出して「おっ」と発音すると、首の筋肉が使われて、お腹の筋肉に効きません。背すじを伸ばして、お腹の筋肉が使われるのを意識しながら息を吐いて。

横から見ると

横から見たときの正しい状態。背中を丸めたり、首を前に出したりせず、背すじを伸ばして、「おっ」と言いながら息を吐くこと。

30秒

④ わきのハミ肉解消

体をみぞおちから左右に倒すことで、わきの筋肉を刺激。脂肪が落ちやすくなり、わきのハミ肉が解消。背骨が柔軟になり睡眠の質も向上。

［サイドロール］

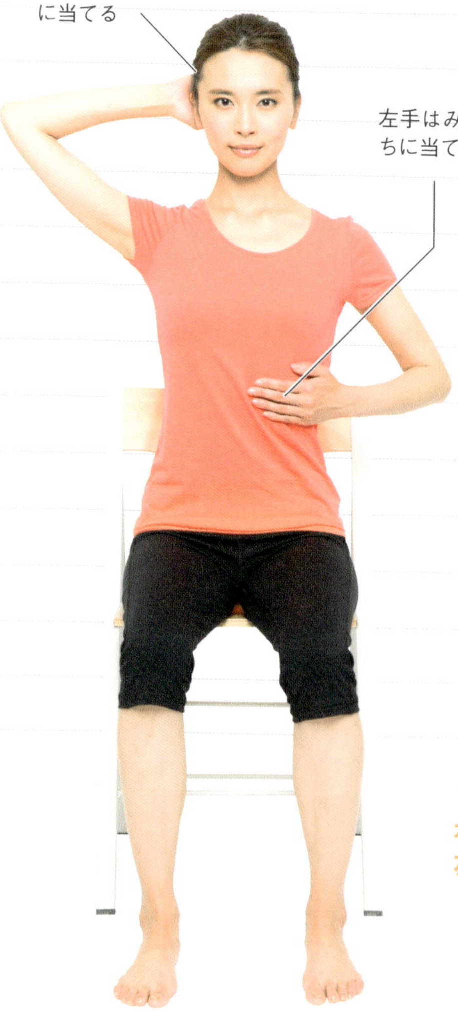
右手は頭の後ろ
に当てる
左手はみぞぉ
ちに当てる

横向き
背すじは
まっすぐに
伸ばす
ひめトレを横置きに
して座骨を乗せる

ステップ 1

右手を頭の後ろに 左手をみぞおちに当てる

ひめトレを横置きにして、座骨が上に乗るようにして、体重を左右均等にかけて座る。右手を頭の後ろに、左手をみぞおちに当てる。

左右で
1回として
5回

これは
NG

上体が前に傾くと
わきの筋肉に効果なし

体を横に倒すとき、上体が前に傾いてしまうと、わきの筋肉に効きません。上体はまっすぐに立てたまま、真横に体を倒しましょう。

×

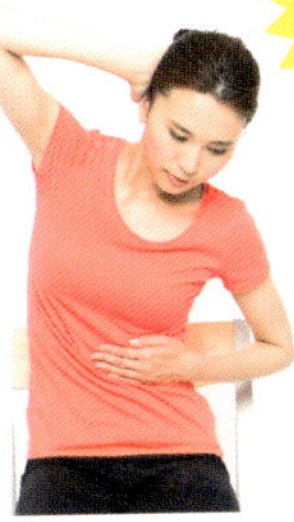

わき腹を伸
ばすように
みぞおちから
上だけ倒す

ステップ2

みぞおちから上体を左に倒す

息を吐きながら、みぞおちのあたりから上体を左に倒す。このとき体重を左にのせず、左右均等に体重をかけたまま倒すのがポイント。

ステップ3

手を入れ替えて、上体を右に倒す

息を吸いながら上体をいったん1に戻す。次に、手を左右入れ替えて、同じ要領で上体を右に倒す。これを左右で1回として5回。

ひめトレで不調解消

ひめトレは、腰痛や肩こりをはじめ、尿モレや生理痛など
女性特有の悩み改善にも役立つから、実践してみて！

① 腰痛予防

［フロントロール］

体を丸める動きによって、背骨を柔軟にするエクササイズ。背骨のカーブが本来の正しい状態にリセットされ、腰痛予防につながります。

これはNG

背中を丸めずに
息を吐くと
背骨に効かない

背中を丸めずに息を吐くと、背骨の柔軟性に効果がありません。背中を丸めながら息を吐くのがポイントです。

ステップ1

**背すじを伸ばして、
頭の後ろで手を組む**

イスにひめトレを横置きし、左右の座骨が乗るように座る。背すじを伸ばし、頭の後ろで手を組む。

ステップ2

**おへそをのぞき込むように
背中を丸める**

ゆっくりと息を吐きながら、おへそをのぞき込むようにして背中を丸める。頭から順に背骨をひとつずつ曲げていくイメージで行って。

5回

これはNG

背中を丸めて
上体を起こすと
背骨に効かない

肋骨を斜め上に押し出すとき、背中を丸めたままだと背骨に効きません。背中を少し反るようにして胸を張りましょう。

ステップ3

息を吸いながら上体を元に戻す

息を吸いながら、ゆっくりと上体を起こして元に戻し、1度呼吸を整える。

ステップ4

息を吸いながら肋骨を斜め上に押し出す

息を吸いながら、ゆっくりと肋骨を斜め上に押し出し、目線も斜め上に向ける。この一連の動きを5回。

❷ 脚のむくみ改善

座り仕事を続けると、血液やリンパが足に滞ってむくみが発生。ひめトレを足裏で転がして、血液やリンパの流れを促進して。

[フットマッサージ]

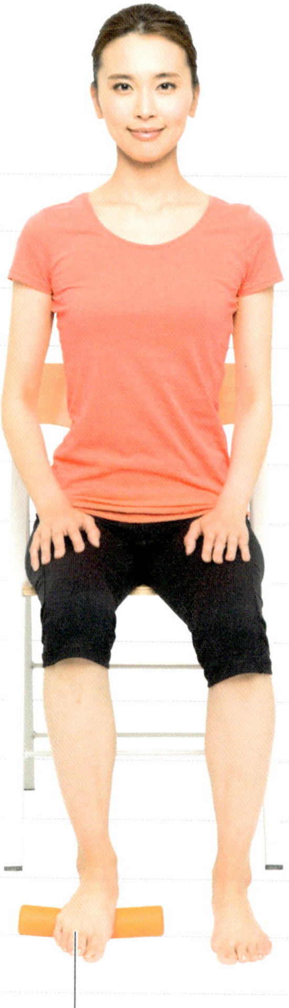

足の裏でひめトレを前後に転がす

ステップ 1

ひめトレに足を乗せて前後にコロコロ転がす

イスに座り、ひめトレを足元に横向きに置く。脚を腰幅程度に開いて、片足をひめトレの上に乗せて、ひめトレを前後に転がす。上体は動かさずに行う。ほぐれたら反対側の足も同様に。

ほぐれるまで

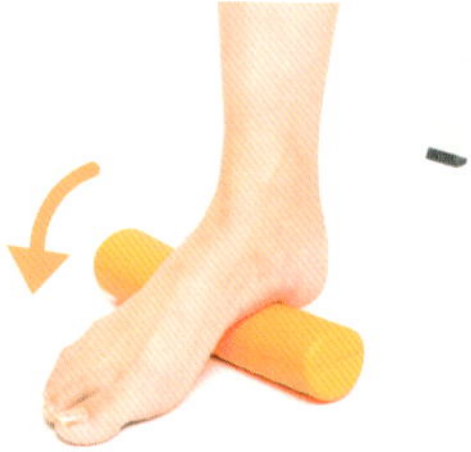

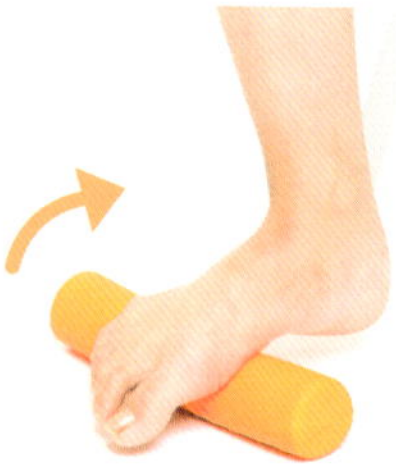

前方向にも後ろ方向にも転がして、つま先からかかとまで全体をマッサージ。

フットスライド

ひめトレを縦向きに置いて左右に転がして足の裏を刺激。フットマッサージとは違った部分が刺激され、血液やリンパの停滞が解消。

ほぐれるまで

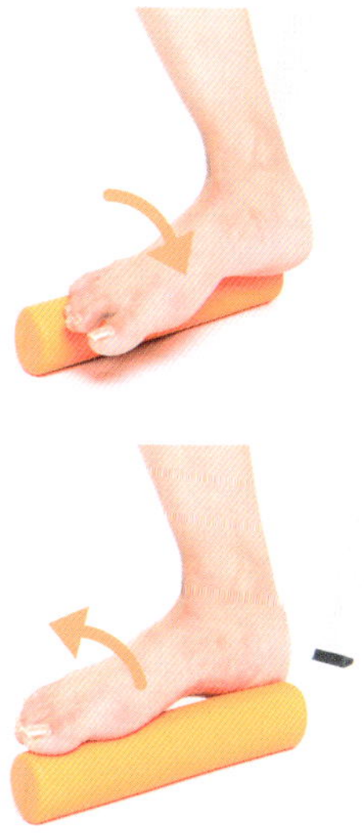

足裏でひめトレを左方向や右方向に転がして、足の内側から外側まで全体をほぐす。

ステップ 1

ひめトレを縦に置いて足裏で左右に転がす

イスに座り、ひめトレを足元に縦向きに置いて、片足をひめトレの上に乗せる。ひめトレを左右に転がして足裏を刺激。上体は動かさずに行う。ほぐれたら反対側の足も同様に行う。

③ 肩こり・首こり改善

ひめトレを背にはさんで落ちないよう保ちながら腕を上に伸ばす動きで、体幹の筋肉が鍛えられて肩や首の負担が減り、こりが軽減。

［片手上げ］

ステップ1
イスの背と背中の間にひめトレをはさむ

イスに深く腰かけ、イスの背と背中の間にひめトレをはさむ。両手はリラックスさせて、体の横に下ろす。

ステップ2
左腕を伸ばして上に上げていく

肩の力を抜き、ひめトレを背中で感じながら、左腕を伸ばして、ゆっくりと上げていく。このとき手のひらは内側に向けて。

正面から見ると

腕はまっすぐ真上に伸ばすこと。背骨を上に伸ばすイメージで伸ばすのがポイント。

左右各5回

ステップ3

左腕を真上に伸ばして10秒キープ

ひめトレが落ちないようにキープしたまま左腕を真上まで上げる。次にゆっくりと下ろし、右腕も同様に行う。左右各5回。

④ 猫背矯正

［チェストリリース］

鎖骨や胸のあたりの筋膜が硬くなっていると胸が縮んで猫背になりやすくなります。ひめトレでよくさすって筋膜を緩めましょう。

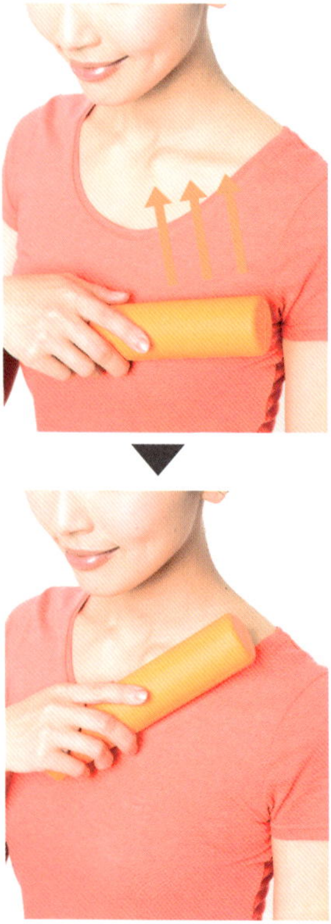

胸から鎖骨に向かって下から上へと、位置を変えながら、まんべんなくさすり上げて。

30秒

ステップ1

ひめトレで胸から鎖骨へさすり上げる

イスに座って背すじを伸ばす。右手でひめトレを持ち、左の胸から鎖骨へとやさしくさすり上げる。これを30秒。反対側も同様に。

体の側面の筋膜が硬くなるのも猫背の原因のひとつ。ひめトレで、わき腹から体の側面をさすり、筋膜を柔軟にしましょう。

［サイドリリース］

脚の付け根あたりから、わきの下まで、体の側面を下から上へとさすり上げましょう。

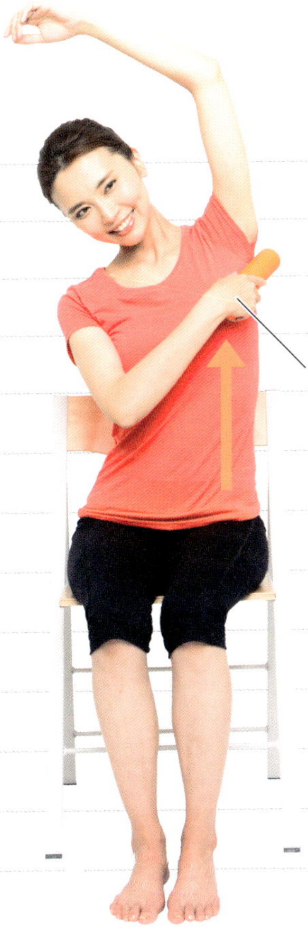

左腕を上げて、左の体の側面を下から上へさすり上げる

30秒

ステップ1

ひめトレで体の側面をさすり上げる

イスに座って背すじを伸ばす。右手でひめトレを持ち、左腕を上げ、体を少し右に倒して左の体の側面をやさしくさすり上げる。これを30秒。反対側も同様に行う。

⑤ 冷え症改善

呼吸をするときに使われる筋肉が硬くなっていると血液循環が悪くなって冷え症に。腹式呼吸で呼吸筋をしっかり鍛えて血行を促進。

［腹式呼吸］

スーッ
前後左右に
膨らませる

息を吸ったとき、お腹の前後左右に空気を入れるイメージで膨らませるのがポイント。

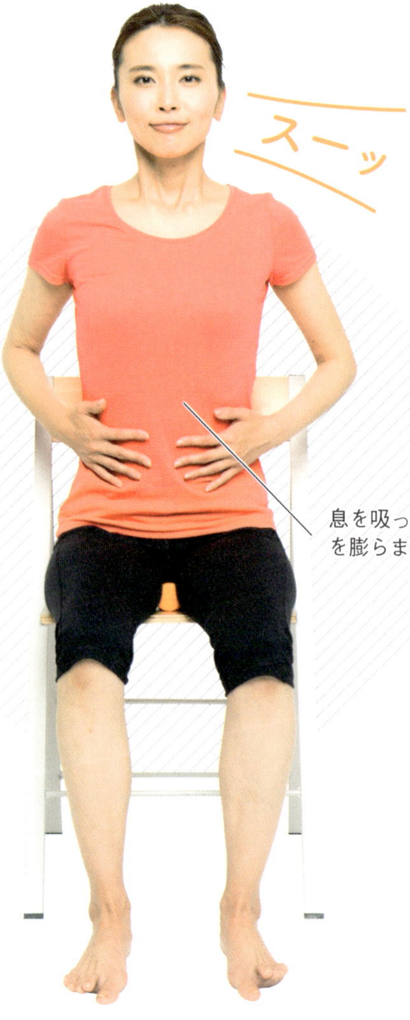
スーッ
息を吸ってお腹
を膨らませる

ステップ 1

息を吸ってお腹を膨らませる

ひめトレを縦に置き、股間の真ん中がひめトレの中心にくるように座る。両手をお腹に当て、鼻から息を吸ってお腹を膨らませる。

息を吐きながらお腹をへこませていき、吐ききったとき最大限にお腹をへこませる。

5回

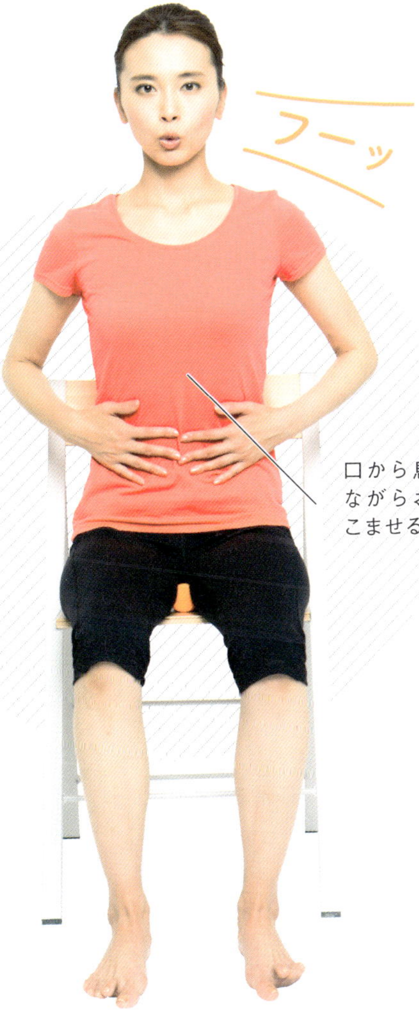

ステップ2

口から息を吐きながらお腹をへこませる

口から息を吐きながら、お腹をへこませる。この腹式呼吸を5回繰り返す。続けるうちにお腹の奥が熱くなってくるのを感じるはず。

⑥ 尿モレ・便秘・生理痛予防

女性特有の悩みに効果的な骨盤底筋の引き上げ体操

骨盤底筋は、ほかのインナーユニットの筋肉とともに収縮し、腹圧を一定に保っています。でも骨盤底筋の筋力が衰えると、腹圧がかかったとき、その力に負けて緩んでしまうことがあります。特に女性は、出産によって筋肉や靭帯が伸びることが原因で骨盤底筋が緩みがち。骨盤底筋が緩むと、尿モレや便秘、子宮脱などのトラブルが起きやすくなります。この予防に効果的なのが、骨盤底筋の引き上げ運動。骨盤底筋は3層構造で、外側から2層目までの筋肉は自分で動かして鍛えることができます。特に、排尿や排便に深く関わっているのが肛門挙筋という筋肉（下図参照）。この筋肉は左ページのような骨盤底筋を引き上げる動きで鍛えられます。ひめトレに乗って行うと、骨盤底筋が引き上がる感覚がつかみやすいので実践してみましょう。

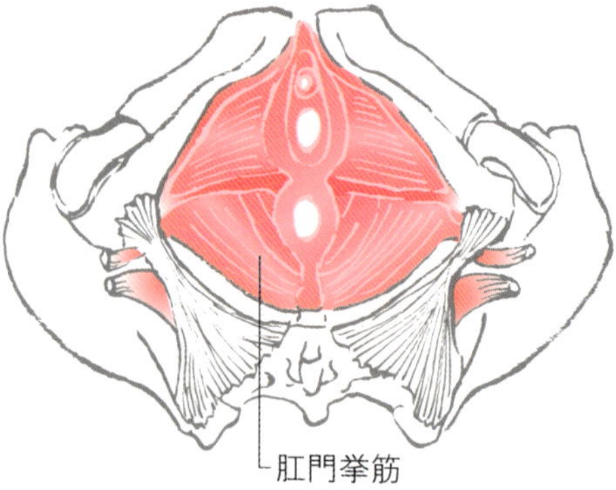

肛門挙筋が衰えるとさまざまな不調が起きる

肛門挙筋は骨盤底筋のひとつ。この筋肉が収縮して尿道や膣や肛門が閉じることで内容物が外に出ないよう保たれています。この筋肉が緩むとその力が弱まり、尿失禁、便失禁、子宮脱などを起こします。

骨盤底筋の引き上げ

肩や太ももに力が入ると骨盤底筋が使えない

肩や太ももに力が入ると骨盤底筋に力が入らないのでNG。肩や太ももの力は抜いて、骨盤底筋に意識を集中して引き上げましょう。

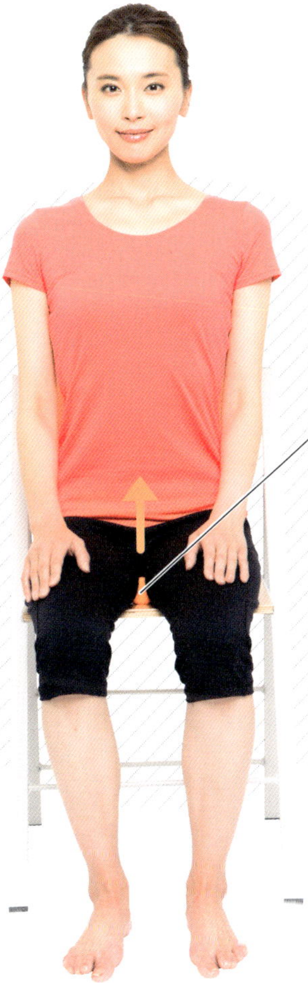

ひめトレが当たっている部分を離すように上に引き上げる。力は入れ過ぎず、30%程度の力で行うのがポイント。

ゆっくり
5回
速めに
5回

ステップ 1

ひめトレの当たっている部分を引き上げる

ひめトレを股間の真ん中に当てて座る。ひめトレの当たっている部分をひめトレから離すイメージで上に引き上げる。次に力を抜いて元に戻す。これをゆっくり5回、次にスピーディに5回。

ひめトレ Q&A

Q1 ひめトレに座ると痛みがあります。

A1 ロゴがあるほうを下にして乗ると痛みが軽減するはず

ひめトレに乗ったとき痛みがある場合は、ロゴがあるほうを下にして乗ってみてください。そうすると、カーブが緩やかな楕円状のほうが股間に当たるので痛みが軽減するはず。それでも痛む場合は使用を中止しましょう。

Q2 1日に何回も乗ってもいいの？

A2 何回乗ってもOKですが、1回5分以内は守って

ひめトレは1日に何回乗っても構いません。ただし骨盤底筋はとてもデリケートで、乗り過ぎると血流が過剰に良くなって、頻尿になったり、痛みが出たりする場合も。1回の使用時間は5分以内にとどめましょう。

Q3 ひめトレに乗るだけでも効果はある？

A3 乗っているだけで姿勢の改善や引き締め効果が

ひめトレは、乗って座っているだけで自然と骨盤がまっすぐに立ち、お腹と背中に力が入ります。そのため、ただ乗っているだけで、姿勢が整ったり、お腹や背中の引き締め効果が得られます。仕事中などにも使ってみて。

Q4 使わないほうがいい場合はありますか？

A4 妊娠中、生理中のほか以下の症状がある人はNG

妊娠中や、出産後3か月を経過していないときや生理中は使用を避けましょう。また、心臓に障害がある人、急性疾患のある人、骨粗鬆症など骨の弱い人、臀部に痔などの疾患や傷、かぶれがある人などは使わないこと。

Q5 ひめトレを使うとき どんなイスがいいですか？

A5 座面が固く平らで、足が床にしっかりつくイスを

ひめトレは、座面が固めで平らで、足が床にしっかりつく高さのイスだと正しい効果が得られます。座面が斜めになっていたり、柔らかくて沈み込むようなイスだと、正しい効果が得られないのでおすすめできません。

Q6 男性が使っても効果はありますか？

A6 男性が使っても同じような効果が得られます

ひめトレは男性が使っても同じような効果が得られます。また、男性機能のアップ効果も期待できます。ただ、男性は、最初は乗ると痛みを感じることが多いようです。慣れると痛みは解消しますが、痛みが続くなら中止を。

Q7 子どもが使っても大丈夫ですか？

A7 10歳以上のお子さんなら使って大丈夫です

ひめトレは、体の大きさから考えて10歳以上のお子さんなら使っても問題ありません。ただ、正しく使えるよう、親御さんが確認したうえで使うようにしてください。10歳未満のお子さんにはおすすめしません。

おわりに

本書は、ストレッチポールとひめトレのメソッドの両方を紹介した、日本コアコンディショニング協会（ＪＣＣＡ）としては初の公式本です。

ＪＣＣＡは「世界に向けた健康革命」を活動理念としています。健康革命とは、「自分の健康を自分で作ること＝セルフコンディショニング」の普及です。健康作り・体作りを人まかせにするのではなく、自分自身で守るという意識を全ての方がもつ世の中を目指しています。

私たちの最も重要なコンセプトは、自分の体を自分の力で「緩め」「本来の姿勢に戻す」「整える」ことです。そのためにも、みなさんに、ストレッチポールやひめトレによる基本的なエクササイズを日々の習慣にしていただければと思っています。

そして最初のうちはぜひ、エクササイズ前後の体の変化を実感してみてください。この「自分の体の状態へ気付きをもつ」ということが、セルフコンディショニングの第一歩です。さらに次のステップは、整えた体の状態を維持することです。本書では、リセットして得た良い姿勢を維持するためのエクササイズも紹介しています。姿勢が良くなると、ケガの予防、疲労の軽減、運動効率アップと、多くの効果があります。また、気持ちも前向きになることでしょう。時間を見つけて、ぜひ健康のために実践してください。

お読みいただいたみなさんが、この本を手に取った瞬間から、健康革命のためのセルフコンディショニングを始めていただけたら、こんなに嬉しいことはありません。

この本で取り上げられたエクササイズの多くは、coreconfan.comにて動画でも紹介しているので、ご覧いただければ理解が深まると思います。

今回、本書の上梓にご尽力いただいた方々、そして日頃からストレッチポールとひめトレの普及にご協力いただいているＪＣＣＡ会員のみなさんに深く感謝いたします。本書とストレッチポールとひめトレを、末永くお手元に置いてご活用いただければ幸いです。

一般財団法人　日本コアコンディショニング協会　会長　岩崎由純

ストレッチポール、ひめトレを体験したくなったら……

全国の公式トレーナーのもとで、コアコンディショニングの指導を受けられます！

ストレッチポールやひめトレの正しい使い方や、エクササイズを指導できる、JCCA公認の公式トレーナーは全国に多数。まずは試してみたい、という人は、お近くのトレーナーを検索してみて。

▶ 全国のコアコン公式トレーナーは、以下のサイトで検索できます。

コアコンファン.com

http://coreconfan.com/

コアコンファン.comは、コアコンディショニングの情報サイトです。本書で取り上げた、ストレッチポールやひめトレのエクササイズの一部を動画で見ることができます。また、全国のコアコン公式トレーナーを探せる「トレーナー検索」機能も。ひとりで始めるのが不安な人は、まずは、近くのトレーナーを探して、プロの指導を受けてみては？

エクササイズを動画でわかりやすく紹介

全国の公式トレーナーの連絡先やキャラクターを詳しく掲載

日本コアコンディショニング協会（JCCA）

財団法人日本コアコンディショニング協会（JCCA）は、ストレッチポール、ひめトレなどを用いたコアコンディショニングというメソッドを、安全に、効果的に指導できる指導者の団体です。知識や技術を高めるセミナーの開催、資格の発行を行っています。全国に3000人を超える会員が所属しています（2014年６月現在）。詳細は、公式サイトをチェック！

財団法人 日本コアコンディショニング協会 公式サイト　http://jcca-net.com/

▶ コアコンディショニングは、公式にプログラムを取り入れている大手フィットネスクラブでも受講可能です。

■コアコンディショニングのプログラムを受講できるおもなフィットネスクラブ

施設名	問い合わせ先	URL	店舗
グンゼスポーツクラブ	——	http://www.gunzesports.com	ストレッチ、コンディショニング、ピラティスに活用し、ていねいな指導で関西を中心に18店舗で展開
スポーツクラブルネサンス	0120-956-623	http://www.s-re.jp/	スポーツクラブを中心にヨガ、ピラティススタジオ、リハビリ施設等127施設で展開
スポーツクラブアクトス	0572-21-2277	http://www.axtos.com/	東海、近畿地方を中心に全国で54店舗で展開
スポーツクラブ ビッグ・エス	——	http://www.big-s.info/	南は宮崎県から北は仙台まで、全国各地の16店舗で展開
ティップネス	0120-208-025	http://www.tipness.co.jp/	駅前立地が中心で通いやすい。首都圏、関西、東海地区を中心に61店舗で展開
フィットネスクラブ コ・ス・パ	06-6262-6926	http://www.ogsports.co.jp/	『爽快棒』というプログラム名で関西を中心に27店舗で展開
ホリデイスポーツクラブ	0566-79-3500	http://www.holiday-sc.jp/	北海道から九州まで全国61店舗で展開
ゴールドジム	03-3645-9830	http://www.goldsgym.jp/	首都圏を中心に全国48店舗で展開

▶ ストレッチポール&ひめトレは、公式通販サイトで購入できます!

ストレッチポール公式通販サイト

http://lpn-shop.jp/

ストレッチポールのすべてのタイプ(ストレッチポールEX、MX、ハーフカット)と、ひめトレを購入できます。最近、模倣品が多く出回っていますが、このサイトで扱っているものは正真正銘の本物なので安心。クレジットカードも使用可能です。

200万人が効果を実感した
トレーニングメソッド

公式 ストレッチポール® &ひめトレ BOOK

JCCA（日本コアコンディショニング協会）監修

2014年8月12日　初版発行
2015年8月10日　4版発行

STAFF

撮影（モデル）　高橋 進
（物）　長沼GaKU
デザイン　清水智研（東京清水デザイン事務所）
編集協力　和田美穂
モデル　TOMOMI
ヘアメイク　木村三喜
イラスト　きくちりえ（Softdesign）
制作協力　江川雄一、互野 学（いまじにあ）
吉田純子
校正　鈴木初江
編集　川上隆子（ワニブックス）

発行者　横内正昭
編集人　青柳有紀
発行所　株式会社ワニブックス
〒150-8482
東京都渋谷区恵比寿4-4-9　えびす大黒ビル
電話　03-5449-2711（代表）
03-5449-2716（編集部）

印刷所　株式会社美松堂
製本所　ナショナル製本

定価はカバーに表示してあります。
落丁・乱丁の場合は小社管理部宛にお送りください。
送料は小社負担でお取り替えいたします。
ただし、古書店等で購入されたものに関してはお取り替えできません。

ISBN978-4-8470-9258-9
ワニブックスHP　http://www.wani.co.jp/